CW00921118

ATENÇÃO

Prezados(as) Alunos(as): todas as atividades serão inseridas diretamente no Portifólio referente à disciplina. O objetivo é aumentar a interação do(a) aluno(a) com a plataforma, além de atualizar as atividades. Entrem com sua senha e acompanhe as atividades no sistema. Se preferir, imprimam as atividades e anexem no seu material impresso. Guias de estudo que contenham as atividades são guias de estudo antigos, onde as atividades já foram modificadas. Por favor, observem.

Atenciosamente,

Direção da UNIGRANET

Graduação a Distância 8º SEMESTRE

Engenharia de Produção

SISTEMAS
LOGÍSTICOS

UNIGRAN
EAD

UNIGRAN - *Centro Universitário da Grande Dourados*

Rua Balbina de Matos, 2121 - CEP 79.824 - 9000
Jardim Universitário
Dourados - MS
Fone: (67) 3411-4141 / Fax: (67) 3411-4167

CEAD
Coordenadoria de Educação a Distância

Apresentação do Docente

Bem-vindo!

Alexsander Fuza Rozeno, Administrador de Empresas, possui especialização MBA Executivo em Administração com ênfase em Recursos Humanos. Atualmente, desenvolve suas atividades laborativas voltadas a Educação. É coordenador dos cursos de Tecnologia em Logística, Tecnologia em Gestão de Recursos Humanos e Tecnólogo em Agronegócios EAD e Semipresencial da UNIGRAN. Docente, na modalidade a distancia nas disciplinas de Sistemas Agroenergéticos (Biodiesel e Sucroaucoleiro), Trabalho de Conclusão de Curso (TCC), Estágio Supervisionado, Administração da Produção I, Administração da Produção II, Marketing Aplicado à Logística, Logística e Contexto Econômico, Gestão e Comportamento Organizacional e Políticas de Remuneração.

ROZENO, Alexsander Fuza. Sistemas Logísticos.
Dourados: UNIGRAN, 2021.

54 p.: 23 cm.

1. Logística. 2. Armazenamento.

Sumário

Conversa Inicial

Caros(as) alunos(as),

Sejam bem-vindos(as) a mais uma disciplina no curso de Engenharia de Produção!

Durante esta disciplina, vamos estudar os Sistemas Logísticos.

Os sistemas logísticos são primordiais dentro de uma rede de produção, se pararmos para analisar, a logística tem como principal objetivo levar até o consumidor o produto final que foi adquirido.

Dentro de uma cadeia de produção ou Supply Chain, a logística é muito mais que a "ponte" entre a empresa e o consumidor. Para o produto chegar no prazo que foi informado para o cliente, requer: planejamento, programação, condições necessárias de temperatura (se caso for transporte de alimentos frios), uma boa frota com a manutenção em dia e também custos logísticos.

No decorrer da disciplina iremos falar um pouco sobre todas essas características dos sistemas logísticos dentro de uma organização.

Desejo bons estudos, que seus sonhos se realizem e não desista dessa jornada. Tenho certeza que será muito recompensador ao final!

Abraços.

Aula 1º

O ambiente das organizações e os impactos no setor logístico

Olá, sejam bem-vindos(as),

Na aula de hoje, vamos entender o que significa quando falamos de ambientes das organizações, para manter um processo calmo e contínuo é necessário que no setor de logística tenha políticas de RH e gerenciamento de pessoas.

Bons estudos!

Objetivos de aprendizagem

Ao término desta aula, vocês serão capazes de:

- caracterizar a complexidade do ambiente empresarial, da organização e os desafios dos administradores frente a este cenário;
- fundamentar a importância da organização como ambiente da organização;
- mostrar que o ambiente externo afeta os resultados e as políticas de recursos humanos nas organizações;

Seções de estudo

1 - O que é uma organização empresarial ou comercial?

Segundo Marc e Simon citados por Maximiano (1999, p.86), "é mais fácil mostrar a organização do que defini-la". Para Batman e Snell (1998), "os administradores operam em organizações". Alguns autores consideram a organização como uma entidade social onde predominam interesses pessoais e relações interpessoais para o alcance de objetivos sociais e econômicos. De acordo com Batman e Snell (1998), "uma organização é um sistema administrado, projetado e operado para atingir determinado conjunto de objetivos. É um sistema de partes interdependentes, que processa insumos, tais como matérias-primas e produtos, denominados de recursos. Os administradores trabalham para transformar esses recursos em resultados." Em concordância com Batman; Snell (1998), uma organização não é apenas um grupo aleatório de recursos humanos que estão juntos por acaso. A organização estabelece relações consciente e formalmente entre os recursos humanos, para que se possa alcançar resultados.

Para Lacombre e Heilborn (2003), "são as organizações que executam quase todas as atividades na sociedade moderna. As organizações complexas representam um dos elementos mais importantes da sociedade atual. Para os autores é por meio das organizações que a sociedade consegue comprar ou adquirir todos os bens que necessita ou atender aos seus desejos e necessidades de consumo".

Ainda de acordo com Lacombre; Heilborn (2003), organização é um grupo de recursos humanos que se constitui de forma organizada para atingir objetivos comuns. Incluem-se nesta definição as empresas, as universidades, os hospitais, as escolas, as creches, as associações culturais, os partidos políticos, os sindicatos, os clubes, os condomínios, as cooperativas, as famílias, as organizações não governamentais, as associações de classes, as associações profissionais, as associações de bairros, entre outros. É visível que o conceito de "organização" para os autores vai de encontro ao conceito de Batman e Snell. Em suma, é importante entender que: Organização empresarial ou comercial constitui um grupo de pessoas que se juntam com objetivos de produzir ou comercializar produtos ou serviços para alcançar resultados econômicos e sociais.

Para o funcionamento dessas organizações é preciso que haja uma hierarquia, um comando, um sistema de produção e que os recursos humanos assumam papéis determinados. Essas organizações possuem missões e objetivos. Segundo Peter Drucker (s/d), "uma organização é um grupo humano composto por especialistas que trabalham em conjunto em uma tarefa comum. Ao contrário da sociedade e da família, os agregados sociais tradicionais, uma organização não é concebida e baseada na natureza psicológica dos seres humanos, nem em suas necessidades biológicas. Embora seja uma criação humana, as organizações são criadas para durar - talvez, não para sempre, mas por um período de tempo considerável".

Até aqui foi possível verificar que as organizações são constituídas por pessoas; que as organizações existem para atender as necessidades das pessoas; que os recursos humanos têm objetivos; que as organizações têm objetivos; que a organização eficaz deve ter uma especialidade; que os recursos humanos se juntam para constituir organizações para atender as necessidades de um povoado, de uma região ou de determinadas categorias; que as organizações constituem o interesse prioritário dos administradores.

A organização tornou-se um termo do dia a dia nas relações comerciais e acadêmicas. Os recursos humanos aprovam ou desaprovam quando alguém diz: "em nossa organização a cultura é forte"; "Em nossa organização os recursos humanos constituem o maior patrimônio". A nossa organização respeita os recursos humanos e o meio ambiente onde eles vivem e consomem os nossos produtos. Em todas as nações e regiões existe algum tipo de organização.

Conclui-se que as organizações são de grande importância para a sociedade e para a vida dos recursos humanos. As organizações industriais, comerciais, de serviços ou as não governamentais proporcionam aos recursos humanos adquirir ou vender aquilo que necessitam ou que produzem. A função das organizações é tornar produtivos os conhecimentos. Elas são fundamentais para a sociedade em todos os países.

2 - A missão e o papel das organizações

As organizações são instituições com fins especiais. Elas se concentram em tarefas como produzir serviços, informações, conhecimentos, produtos para atender às necessidades de determinadas classes sociais.

A melhor organização ou a organização mais eficaz é aquela que atende aos sonhos e as necessidades do consumidor. A missão da organização deve estar voltada para determinadas necessidades de quem compra ou consome seus produtos e serviços. Toda organização (empresa) deve focar um público-alvo, especializar-se e atender às necessidades desse público. É impossível atender a toda necessidade dos recursos humanos. É por isso que temos no mundo, no Brasil, diversas e diferentes organizações, produzindo e oferecendo diferentes produtos e serviços. Para que essas organizações permaneçam no mercado, elas precisam ser lucrativas. Para serem lucrativas, precisam ser bem administradas. Para serem bem administradas, precisam ter recursos humanos capacitados e preparados.

Fonte: Disponível em: http://www.lodiassociados.com.br. Acesso em:12/02/2021.

As organizações são instituições com fins e missões definidos voltados para determinados objetivos. Através das organizações, os recursos humanos atingem os seus objetivos de crescimento, as suas necessidades pessoais e fisiológicas, desenvolvem seus conhecimentos, fazem novas amizades. As organizações geram empregos, geram desenvolvimento aos países. Independente de seu porte, as organizações são essenciais à vida do homem. As organizações tornaram-se um instrumento de desenvolvimento econômico e social

3 - Por que surgem as organizações?

Para Daft (1999), "[...] Organizações tão diferentes trazem semelhanças e características em comum, uma vez que todas as organizações como entidades sociais, possuem objetivos, recursos, estrutura física, sofrem influência do meio; são dirigidas por metas, e projetadas como sistemas de atividades deliberadamente estruturados e coordenados e são também interligadas ao ambiente externo". Segundo o autor, "o principal elemento de uma organização não é o edifício ou um conjunto de procedimentos; são compostas por recursos humanos e seus inter-relacionamentos". Dessa forma, uma organização só existirá e será realmente viva, quando os recursos humanos interagem entre si para realizar funções essenciais ao funcionamento e alcance dos resultados almejados pelas organizações. Nesse contexto, os gestores deliberadamente estruturam e coordenam os recursos (recursos humanos) para alcançar os propósitos das organizações. Embora o trabalho possa ser estruturado em departamentos separados ou em conjuntos de atividades, a maioria das organizações se esforça para obter coordenação horizontal de suas atividades relacionadas com o trabalho dos recursos humanos, muitas vezes, utilizando equipes de empregados de diferentes áreas para trabalhar juntos em prol dos resultados organizacionais. Na era da hipercompetição entre as organizações, as parcerias de grupos de trabalho, muitas vezes, extrapolam o ambiente interno da empresa. Algumas organizações, em busca de seus resultados, fazem parcerias de grupos de trabalho com seus concorrentes.

As organizações surgiram da necessidade dos recursos humanos "homem" se juntarem para facilitar o seu trabalho e alcançar seus objetivos. Por que o homem prefere fazer as coisas acontecerem por meio das organizações? A resposta, segundo Lacombre e Heilborn (2003) é que as organizações permitem-nos alcançar padrões elevados e uma qualidade de vida melhor.

4 - Importância das organizações

Como já dito anteriormente, a organização, independentemente de seu porte ou ramo de atividade é necessária para o desenvolvimento da sociedade e manutenção do sistema sócio, político e econômico. Daft (1999), diz "que as organizações estão em toda parte e em torno de nós e modelam nossas vidas de muitas formas". Mas, que contribuições elas trazem de fato para a sociedade e para os recursos humanos? Por que as organizações são importantes? Daft (1999) enumera sete importantes motivos pelos quais as organizações são importantes e necessárias para você e para a sociedade. Para Maximiano (1999), tão grande é a importância das organizações na sociedade atual que inúmeros estudiosos dedicaram-se a estudá-la, criando pilares da teoria geral da administração. Um dos mais influentes pesquisadores e estudiosos foi Max Weber, que desenvolveu um tipo ideal de Burocracia para explicar o funcionamento das organizações formais. O trabalho de Max Weber é tão importante que influenciou praticamente todos os autores que retomaram o assunto. Weber é um dos integrantes que constituem a escola clássica de administração.

1 – As organizações reúnem motivos para alcançar metas.
2– As organizações produzem bens e serviços.
3– As organizações facilitam e promovem a inovação.
4– As organizações utilizam métodos modernos de fabricação e tecnologia.
5– As organizações adaptam–se e influenciam o ambiente.
6– As organizações criam valores para os proprietários, clientes e empregados.
7– As organizações promovem e acomodam os atuais desafios de diversidade, desenvolvimento sustentável, ética, padrões de carreira e motivação dos empregados.

Para Daft (1999), "as organizações também produzem mercadorias, serviços, tecnologias, conhecimentos, cultura, realizam sonhos, satisfazem desejos e necessidades que os clientes desejam, a preços competitivos". As empresas procuram técnicas competitivas para produzir e distribuir seus produtos ou mercadorias com qualidade e eficiência. Nesse contexto, as organizações devem aprender continuadamente a lidar com as forças externas. Se for preciso, reformular as suas estruturas e repensar as suas metas. Desenvolver uma eficaz administração de recursos humanos. A tendência para as organizações que aprendem reflete o desejo de desenvolvimento e aperfeiçoamento de todas as áreas. As organizações se adaptam e influenciam em rápida mutação o ambiente em que estão estabelecidas.

Com toda essa interação e com todas as suas atividades,

as organizações criam valor para seus proprietários, clientes e empregados. Os gestores (administradores) precisam conhecer que partes da organização criam valor e que partes não criam. Para Daft (1999), uma organização só será lucrativa quando o valor que criar for maior que os custos e recursos consumidos; quando consegue lidar com eficácia com o ambiente externo. Considera-se como ambiente externo, todos os acontecimentos ou fatores que estão fora da organização, mas, que influenciam a tomada de decisão, a administração de recursos humanos e o alcance dos resultados da empresa. Para Daft (1999), "a organização é um sistema aberto, que depende de seu ambiente". Um sistema aberto deve interagir com o ambiente para sobreviver; ele consome recursos do ambiente e envia recursos para o ambiente. Dessa forma, não pode se isolar. Deve se modificar continuamente e adaptar-se ao ambiente. Os sistemas abertos (organizações) são extremamente complexos. As organizações devem encontrar e obter recursos do ambiente, devem interpretar e agir nas mudanças do ambiente, dar destino aos produtos e serviços criados, controlar e coordenar as atividades internas em face às perturbações e mudanças ambientais e suas incertezas.

De acordo com Daft (1999), "para entender uma organização, é preciso vê-la como um Sistema. Define-se como sistema um conjunto de elementos interativos que recebe entradas do ambiente e transforma-os e emite (saída) novamente para o ambiente". A necessidade de entradas e saídas reflete a dependência da organização em relação ao seu ambiente. Os elementos interativos com o ambiente são os departamentos (sistemas) que se relacionam uns com os outros e devem trabalhar juntos. Isso quer dizer que em uma organização, um setor não é nem mais nem menos importante do que os outros. Que cada setor, departamento ou seção tem a sua importância e o seu papel.

A figura mostra como funciona o processo de entrada, transformação e saída:

Figura 02: Fonte: BATMAN, Tomas S. ; SNELL. Scott, A. Administração: construindo vantagem competitive. São Paulo: Atlas, 1998, pg 33.

Uma empresa (organização) moderna, estruturada e eficiente deve saber interagir e responder às ameaças e transformações do ambiente, nos limites de sua missão e objetivos. Para uma maior eficácia às respostas do ambiente externo, bem como, responder às ameaças e pressões desse ambiente, as organizações se estruturam em subsistemas com funções específicas e necessárias a sua sobrevivência. Essas funções específicas são executadas por departamentos ou setores criados pela organização, denominados de subsistemas. Os principais subsistemas organizacionais, segundo Daft (1999), são classificados em cinco funções: cobertura das

fronteiras, produção, manutenção, adaptação e administração. Na realidade, cada organização tem a sua estrutura em decorrência das suas necessidades e da sua realidade. Esses subsistemas recebem denominações diferentes nas diferentes organizações. Por exemplo: o departamento de pessoal pode denominar-se departamento de relações industriais em uma organização e denominar-se departamento de recursos humanos ou departamento de administração de recursos humanos em outra. O que importa mesmo são as atividades desenvolvidas em cada departamento (subsistemas) e os resultados alcançados.

Interações das dimensões contextuais das organizações

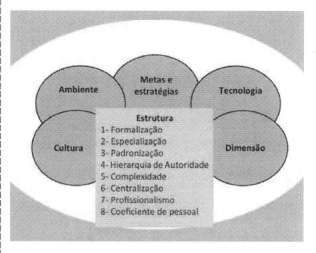

Fonte: DAFT. Richard. L. Teoria e projeto das organizações. Rio de Janeiro: LTC. 1997, p 10.

A classificação proposta nesta aula é de grifo do autor e serve apenas como ilustração. Com a classificação abaixo, não se pretende universalizar ou contrariar as tipologias já propostas.

Quanto ao porte e a estrutura: micro, pequena, média e grande organização.

Quanto ao ramo de atividade: indústria, comércio, instituição de ensino, entidades religiosas, hospitais, teatros, cinemas, transportes, etc.

Quanto ao capital: capital nacional, capital internacional, capital misto, capital multinacional.

Quanto à categoria jurídica: Sociedade Limitada, Sociedade Civil, Sociedade Anônima, Sociedade Mista.

Temos também organizações de varejo e organizações de atacado; organizações públicas, organizações privadas, organizações não governamentais; organizações mistas; organizações que atuam regionalmente; organizações que atuam nacionalmente; organizações que atuam globalmente.

Como pode ser visto, a lista de classificação é indeterminada. Conforme já estudado, cada organização tem seu objetivo, sua missão, sua estrutura, sua cultura e a sua realidade. Independentemente do tipo de organização, o que importa é a sua contribuição para o ambiente em que está inserida e para a sociedade.

5 - Crescente pressão da competição

Figura 04: Fonte: www.inf.ufras.br/.../Antcomp/Images/image23.gif. Acesso em: 10/02/2021.

Muito se tem a falar sobre a crescente pressão da competição. A realidade está na frente de todos nós. Empregadores e empregados diariamente são bombardeados por informações, por tecnologia, por mudanças e por acontecimentos que chegam a tirar o sono dos recursos humanos. Muitas vezes, a pressão é tão grande que muitos desistem de seus objetivos. A verdade é que o século XXI é caracterizado pelo século da competição. Na vida pessoal procura-se de toda maneira competir para quebrar recordes. No dia a dia das empresas, procura-se e cria-se estratégias para competir, ganhar mercados e vencer a concorrência. A excelência empresarial deste século é marcada pela competição: por mercados, por talentos, por tecnologia, por preços, por custos, pela qualidade. Segundo Michael Porter, as estratégias competitivas podem ser por custos, produtos e mercados. Competir no presente ou para o futuro, segundo Prahalad (s/d), é competir com estratégias vencedoras. Nesse contexto, os recursos humanos (talentos) constituem um dos diferenciais de competitividade. Portanto, é preciso gerir os recursos humanos com inteligência, estratégias e visão orientada para resultados e para o ambiente externo. Fica aqui o desafio para você aluno investigar mais sobre o tema competição, para que possa entender os sentimentos e as dificuldades dos administradores frente aos desafios empresariais.

Veja abaixo uma situação que mostra a importância das organizações e um eficaz modelo de administração de recursos humanos. O caso Telelatina:

A Telelatina é uma empresa de grande porte, que fabrica equipamentos de comunicação para grandes corporações e agências governamentais. A vantagem competitiva da Telelatina sempre foi a qualidade de seus produtos. No entanto, seus preços são mais altos que os da concorrência e seus prazos de entrega de encomendas são mais dilatados. Por causa disso, a Telelatina vem perdendo clientes para a concorrência há algum tempo. Sua diretoria achou que havia chegado o momento de fazer algo.

A diretoria decidiu aprimorar os métodos e processos de trabalho na área de projeto e montagem de equipamentos, onde estavam os maiores problemas.

Uma empresa americana de consultoria foi contratada para realizar esse projeto.

Os objetivos eram estudar os processos e propor aprimoramentos, num período de seis meses. Outros seis meses seriam necessários para a implantação dos aprimoramentos. A empresa de consultoria propôs uma metodologia participativa para realizar o projeto. A Telelatina deveria indicar um grupo de "funcionários jovens e de alto potencial", que trabalhariam com a equipe de consultores. Eles deveriam ser treinados para atuar como consultores internos e seriam responsáveis pela implantação do projeto. A diretoria da Telelatina concordou.

Depois de assinatura do contrato, a consultoria começou solicitando que a Telelatina indicasse o grupo de consultores internos. Formou-se então um grupo de funcionários com cerca de um ano de casa, em sua maioria trainees e gerentes júnior. Esse grupo foi treinado e posto em campo, sob orientação da consultoria, com a missão de estudar e propor aprimoramentos para os processos de desenvolvimento e fabricação de grandes equipamentos. Alguns meses depois, o grupo tinha resultados para apresentar. Suas recomendações foram discutidas na diretoria, após passar por revisão da consultoria, e aprovadas para a implantação.

Quando começaram as reuniões e entrevistas para implantação, os integrantes do grupo perceberam que a mudança não seria tão fácil de realizar como havia percebido. A reação dos funcionários (engenheiros e técnicos de montagem) era, de forma geral, negativa. Dizia um:

- Se essa modificação que vocês estão propondo for feita, a qualidade ficará comprometida.

Dizia outro:

- Isso é impossível do ponto de vista técnico. Essa etapa não pode ser encurtada. Vocês não conhecem o processo direito.

Acrescenta um terceiro:

- Então foi para isso que vocês estiveram aqui antes? Se eu soubesse, teria dado outras informações que vocês não souberam pedir. Suas recomendações não vão dar certo. Vocês negligenciaram fatores importantes.

Depois de seis meses, o projeto estava num impasse. O prazo do contrato com a empresa de consultoria havia terminado. A diretoria da Telelatina reclamava que havia comprado um projeto de aprimoramento dos consultores internos. Se eles não conseguiam implantar os aprimoramentos, não era mais problema dela.

Numa reunião, o presidente da Telelatina e os diretores trocaram as seguintes ideias:

- Querem saber? Nós deveríamos ter conversado mais antes. Não consigo entender. Seguimos à risca os princípios da boa administração e os conselhos da consultoria. Por que não deu certo? Temos um grupo de funcionários que começou altamente motivado. Agora, eles estão frustrados porque não conseguem implantar nada.

- Será que os técnicos resolveram sabotar o trabalho?

- Será que é uma questão de conduta conservadora?

- Será que não confiamos demais na consultoria?
- Realmente, não sei o que aconteceu.
- Mais difícil eu acho decidir o que fazer daqui para frente.
(Fonte: https://siteantigo.portaleducacao.com.br/conteudo/artigos/administracao/a-nova-logica-das-organizacoes/43988. Acesso em: 11/02/2021).

Considerações:

A organização enquanto uma entidade social é essencial para a realização de necessidades e alcance de objetivos pessoais ou coletivos. A organização empresarial é o ambiente da administração de recursos humanos. O ambiente da organização é altamente complexo e a cada dia que passa, o mercado fica mais competitivo. A globalização e as mudanças da economia e as rápidas alterações que vêm ocorrendo no mundo de hoje, principalmente, por causa da Internet, são as grandes causadoras desse estado atual.

Para Tröger (1997), "as organizações que estão inseridas nesse mercado, e que desejam permanecer assim, devem buscar uma alternativa para manterem-se competitivas conseguindo atender às suas novas condições, ou seja, conseguindo entregar um bem ou serviço de forma mais rápida, com custo menor e com produtos cada vez mais personalizados em qualquer lugar". Isso só será possível com um bom contingente de pessoas. Portanto, caro aluno, não se conforme com os acontecimentos do passado ou do presente, desenvolva uma visão e mentalidade de futuro, ou seja, uma visão estratégica, de forma a preparar as pessoas (talentos) de sua organização para enfrentar as mudanças provocadas pela organização num ambiente altamente competitivo.

A empresa do presente ou do futuro só será competitiva se definir claramente as suas estratégias de recursos humanos.

Retomando a aula

Espero que todos tenham assimilado todas as informações expostas até o momento. Qualquer dúvida, estou à disposição

1 – O que é uma organização empresarial ou comercial?

Na seção 01, você teve a oportunidade de conhecer o que é uma organização empresarial ou comercial, analisando as diferenças que existem entre elas.

2 – A missão e o papel das organizações

Na seção 02, estudamos detalhadamente quais são as afetivas missões e papeis que as organizações devem desempenhar.

3 – Por que surgem as organizações?

Já na terceira seção, vimos quais são as necessidades que ocorrem que determinam o surgimento das organizações.

4 - Importância das organizações

Na quarta seção, estudamos detalhadamente quais são os fatores que compõem a importância das organizações.

5 - Crescente pressão da competição

Na seção 05, vimos quais são e como são os fatores que levam a crescente pressão da competição.

Vale a pena

Vale a pena acessar

Influência do Clima Organizacional: Disponível em: http://www.administradores.com.br/artigos/negocios/a-influencia-do-clima-organizacional-nas-empresas-e-nas-pessoas/98588/.

Artigo Clima Organizacional. Disponível em: http://www.cairu.br/revista/arquivos/artigos/Artigo_Clima_Organizacional.pdf.

Logística reversa. Disponível em: http://www.paulorodrigues.pro.br/arquivos/Logistica_Reversa_LGC.pdf.

Minhas anotações

Aula 2º

Noções básicas de logística do almoxarifado

Sejam bem-vindos(as) em mais uma aula da nossa disciplina. Na aula de hoje, iremos discutir as noções básicas do almoxarifado. Dentro do sistema logístico, entender o processo de estoque é essencial para o profissional de engenharia de produção. Ótima aula e bons estudos!

Bons estudos!

Objetivos de aprendizagem

Ao término desta aula, vocês serão capazes de:

- entender a história do almoxarifado;
- compreender o conceito desde o princípio sobre almoxarifado.
- compreender o conceito da logística dentro do almoxarifado;
- entender os processos de estrutura de um almoxarifado;
- aprender as funções de cada processo desde o recebimento até a entrega ao consumidor final.

Seções de estudo

1 - Conceito da logística do almoxarifado

A Logística do almoxarifado envolve a administração do transporte, do estoque, a armazenagem de produtos, tendo como finalidade impedir as perdas e divergências, preservando a sua qualidade, quantidades e distribuição suficientes a um atendimento rápido e eficiente. Toda a logística do almoxarifado deve ser sincronizada, para um atendimento de qualidade e que gere menores custos à organização (GURGEL,1996).

Decreto Federal n.º 1102 de 21/11/2003:

Regulamenta a lei dos Armazéns Gerais, é que disciplinava e regulamentava as atividades do setor. Criada para sanar os defeitos de uma fragmentada legislação que tratava das questões de emissão e das mercadorias em depósito.

Desse modo, observa-se que o principal objetivo do almoxarifado é impedir divergências de inventário e perdas de qualquer natureza, portanto, este deve sempre:

• certificar que o material adequado esteja, na quantidade devida, no local certo;

• conservar a qualidade e as quantidades apropriadas;

• estar em instalações adequadas e recursos de movimentação e distribuição suficientes a um atendimento rápido e eficiente.

Ao anexarmos materiais em almoxarifado da organização, carecemos ter certeza de que está seguro. Abaixo o esquema de base de funcionamento geral:

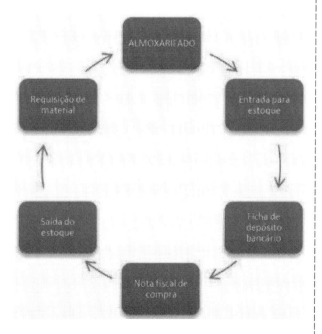

Fonte: Elaborado pelo autor

Vende a matéria-prima ou o produto acabado e para que o sistema funcione, há um contrato de entrega, entre as partes, para garantir o fornecimento. Para isso, é necessário eficiência e organização do almoxarifado. Segundo Novaes (2007), eficiência versus organização:

EFICIÊNCIA	ORGANIZAÇÃO
Reduzir as distâncias internas percorridas pela carga e o consequente aumento do número das viagens de ida e volta; Aumento do tamanho médio das unidades armazenadas; Melhor utilização das capacidades volumétricas;	Receber e proteger os materiais adquiridos pela empresa; Entregar os materiais mediante requisições autorizadas aos usuários da empresa; Conservar todo e qualquer registro referente ao almoxarifado atualizado.

Fonte: Elaborado pelo autor.

Dias (1997) aborda a importância de um sistema de classificação, sendo este eficaz e necessário ao Almoxarifado, para que exista um controle eficiente dos estoques, procedimentos de armazenagem adequados e uma operacionalização de maneira correta. Esse sistema de classificação de materiais tem o objetivo de definir unidade de todos os materiais componentes do estoque da empresa.

Segundo Viana (2000), existem quatro importantes fases nesse processo de estrutura de um almoxarifado:

• Controle
• Recebimento
• Armazenagem
• Distribuição

2 - Noções básicas de almoxarifado

Almoxarifado e as funções de almoxarife é uma das profissões mais antigas de todos os tempos, com nascimento na época das pirâmides do Egito, no ano de 1.800 a.C. Recordamo-nos quando ouvimos a frase "Prever para prover", como José disse no início da construção das pirâmides de Queops. Ao refletirmos na frase, podemos verificar que já nos primórdios o homem era responsável pela conferência e armazenamento de materiais. Portanto, nos referimos assim à suma importância de um almoxarifado em uma organização (ARAÚJO, 1981).

Nos primórdios da História, o almoxarifado era uma espécie de armazém velho, ambiente sombrio, materiais velhos e novos misturados, sob a responsabilidade de um homem, cujo desconhecido recebia o nome de almoxarife. Na época, para ser o almoxarife o homem deveria ter as seguintes características: ser homem, ter nível elevado de força física, ser honesto, limpo e conhecer as letras, porém, mal sabia este homem suas verdadeiras obrigações (ARAÚJO, 1981).

No Brasil, em 28 de janeiro de 1808, D. João VI baixava na Bahia a carta régia determinando a abertura dos portos brasileiros às nações amistosas. D. João VI, criou nas milícias reais os cargos de Capitão Almoxarife da pólvora, Capitão Almoxarife dos Mantimentos, Capitão Almoxarife das balas, Capitão Almoxarife das armas, cargos estes que foram ocupados por oficiais, responsáveis por comprar os materiais necessários às tropas (RODRIGUES, 2004).

Desse modo, na evolução dos tempos, o homem faz questão de se aperfeiçoar, ponderando de forma racional nas atividades profissionais. Igualmente iniciam as competições de "produzir por menor custo, logo vender pelo menos preço". A importância do almoxarifado, atualmente, está nos cuidados e atenção nas instalações e nos planejamentos sobre esse setor de extrema responsabilidade.

Agora, vamos entender as definições de cada parte do setor do Almoxarifado, sua administração e organização:

ALMOXARIFADO: É o local onde os materiais são estocados para serem oportunamente distribuídos aos setores que deles se abastecem. Depósito, armazém ou local usado para guardar os materiais usados e matérias-primas necessárias a determinado serviço. O responsável do almoxarifado é um funcionário perfeitamente qualificado, especializado para tal cargo.

ARMAZÉM: A palavra vem de origem árabe, que sofreu corruptela, por influência da mercadoria que nele se guardava.

DEPÓSITO: A palavra depósito vem do Latim, que significa a ação de depositar, um objeto depositado ou guardado. Depósito é o lugar onde se depositou.

O almoxarifado é o intermediário, por uma parte, entre os abastecedores de matérias-primas e as oficinas que vão consumi-las e, por outra parte, entre as oficinas e os clientes que vão receber o produto terminado; é, pois, um regulador entre os mercados externos e a própria produção.

Nas pequenas organizações forma um serviço único no qual se incorporam o armazém de matérias-primas e o serviço de compras, de um lado, e dos produtos acabados e o serviço de vendas, de outro. Além do mais, nas grandes manufaturas, sobretudo quando se trabalha em série são necessários outros armazéns como os de ferramentas e peças avulsas.

A missão do almoxarifado, qualquer que seja a classe, é servir de intermediário, dando abrigo provisório a certos produtos; sua organização dependerá, por conseguinte, desse caráter transitório e se orientará no sentido de dar maiores facilidades para as entradas e saídas dos produtos, para que o seu estágio seja o mais breve possível e para que o estoque se torne suficiente para as necessidades normais.

Não se deve esquecer que a finalidade primordial de um almoxarifado é alimentar de materiais e matérias-primas as oficinas ou setores de produção nas quantidades estritamente necessárias; as requisições devem ser calculadas com a maior aproximação possível sobre a base das necessidades normais, evitando a apresentação de grandes pedidos que venham a exceder o consumo médio, ocorrendo o risco de imobilizar capitais consideráveis; ao contrário, se os pedidos forem muito restritos, podem ser sobrepujadas pela procura e, nesse caso, as oficinas, com a falta de materiais indispensáveis, terão de interromper ou modificar a fabricação, ocasionando perturbação e prejuízos (Disponível em: https://www.assisprofessor.com.br/concursos/apostilas/administracao/Nocoes%20de%20administracao%20de%20recursos%20materiais.pdf. Acesso em: 10/02/2021).

Segundo Moura (2004), é importante a instalação de almoxarifados funcionais, que tenham autonomia para decidir, que sejam bem planejados, delineados e orientados, e que o almoxarife tenha perfeito conhecimento de seu cargo e de suas atribuições. Felizmente hoje os mentores de qualquer tipo de organização estão se convencendo de que todo o capital que inverteram nas instalações de um bom almoxarifado será bem remunerado e os frutos de uma organização racional por certo serão ótimos. Com um almoxarifado em perfeitas e ideais condições de funcionamento, poder-se-á saber a qualquer momento a posição exata dos materiais em estoque, a média do consumo diário, mensal ou anual, preços de custo, preços unitários, preços médios, comportamento dos materiais ou matérias-primas na produção de nos estoques, cálculos estatísticos de preço de custo, flutuações, preços correntes na praça e no país. Essas informações fidedignas fornecidas pelo almoxarifado, aliadas à mão de obra e a outros elementos, fornecerão o preço real do produto acabado; sem essas referências jamais se poderá calcular com exatidão a margem de lucros desejada.

3 - Funções da estrutura do almoxarifado

Vamos entender agora como se constitui a estrutura funcional de um almoxarifado, conforme a visão de Viana (2000).

CONTROLE

Dentro do almoxarifado o controle dos estoques está sujeito a um sistema hábil e eficiente. Este deve informar quais as quantidades que se encontram à disposição, onde estas estão arquivadas, as compras em processo de recebimento, as devoluções ao fornecedor e as compras recebidas e aceitas.

RECEBIMENTO

O recebimento envolve o momento da chegada e recepção do material na entregue pelo fornecedor, até a entrada nos estoques e compreende os materiais com política de ressuprimento e os de aplicação imediata, sofrendo critérios de conferência quantitativa e qualitativa. A função de recebimento de materiais é módulo de um sistema global integrado com as áreas de contabilidade, compras e transportes e é caracterizada como uma interface entre o atendimento do pedido pelo fornecedor e os estoques físico e contábil.

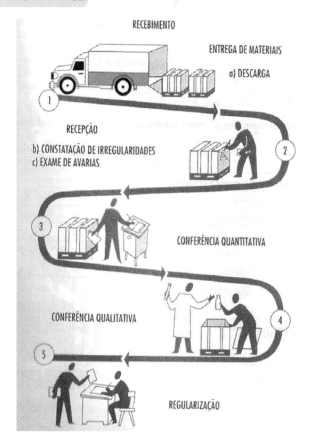

Fonte: http://www.abepro.org.br/biblioteca/enegep2010_tn_sto_113_741_15329.
pdf. Acesso em: 11/02/2021.

Segundo Paloechi (2009), as atribuições básicas do Recebimento são:

• Distribuir as atividades de recebimento e devolução de materiais;

• Avaliar a documentação recebida, averiguando se a compra está aprovada;

• Controlar os volumes declarados na Nota Fiscal e no manifesto de transporte com os volumes a serem efetivamente recebidos;

• Proceder à conferência visual, verificando as condições de embalagem quanto a possíveis avarias na carga transportada e, se for o caso, apontando as ressalvas de praxe nos respectivos documentos;

• Resultar a conferência quantitativa e qualitativa dos materiais recebidos;

• Decidir pela recusa, aceite ou devolução, conforme o caso;

• Providenciar a regularização da recusa, devolução ou da liberação de pagamento ao fornecedor;

• Liberar o material desembaraçado para estoque no almoxarifado.

As atividades de recebimento abrangem desde a recepção do material na entrega pelo fornecedor até a entrada nos estoques. A função de recebimento de materiais é módulo de um sistema global integrado com as áreas de contabilidade, compras e transportes e é caracterizada como uma interface entre o atendimento do pedido pelo fornecedor e os estoques físico e contábil (CHING, 2008).

A função do recebimento se desmembra em quatro fases:

• 1ª fase: entrada de materiais;
• 2ª fase: conferência quantitativa;
• 3ª fase: conferência qualitativa;
• 4ª fase: Regularização.

1ª FASE: ENTRADA DE MATERIAIS:

Tem como objetivo efetuar a recepção dos veículos transportadores, proceder à triagem da documentação suporte do recebimento, encaminhá-los para descarga e efetuar o cadastramento dos dados pertinentes para o sistema.

No Almoxarifado concentra-se para conferência de volumes, confrontando-se Nota Fiscal do fornecedor com os respectivos registros e controles de compra, posicionamento do veículo no local exato da descarga, providências de equipamento e material de descarga necessário.

Curiosidades: processo importante é o exame de avarias, necessário para apontamento de responsabilidades. A existência de avarias é constatada por meio da análise de disposição da carga, observando-se as embalagens ou proteções estão intactas e invioláveis ou contenham sinais evidentes de quebra, umidade, estar amassada etc.

As divergências constatadas devem ser apontadas no conhecimento de transporte e, também, no canhoto da Nota Fiscal, providência esta cabível para o processamento de ressarcimento de danos, se for o caso, e dependendo do exame preliminar resultar a constatação de irregularidades insanáveis em relação às condições contratuais, deve-se recusar o recebimento, anotando-se, também, nesses casos, no verso da 1ª via da Nota Fiscal as circunstâncias que motivaram a recusa, bem como nos documentos do transportador (ARAÚJO, 2018).

Os materiais que passaram por essa primeira etapa devem ser encaminhados ao Almoxarifado. Para efeito de descarga do material no Almoxarifado, a recepção é voltada para a conferência de volumes, confrontando-se a Nota Fiscal com os respectivos registros e controles de compra. Para a descarga do veículo transportador é necessária a utilização de equipamentos especiais, quais sejam: paleteiras, talhas, empilhadeiras e pontes rolantes.

O cadastramento dos dados necessários ao registro do recebimento do material compreende a atualização dos seguintes sistemas:

1. Sistema de Administração de Materiais e gestão de estoques: dados necessários à entrada dos materiais em estoque, visando ao seu controle;

2. Sistema de Contas a pagar: dados referentes à liberação de pendências com fornecedores, dados necessários à atualização da posição de fornecedores;

3. Sistema de Compras: dados necessários à atualização de saldos e baixa dos processos de compras.

E a última etapa da primeira fase é a descarga. Para isso é necessário a utilização de equipamentos, dentre os quais se destacam paleteiras, empilhadeiras e pontes rolantes, além do próprio esforço físico humano, sendo necessário envolver o fator segurança, não só com relação ao material em si como também, e principalmente, ao pessoal. (ARAÚJO, 2018).

2ª FASE: CONFERÊNCIA QUANTITATIVA

Segundo Teixeira (2016), conferência quantitativa verifica se a quantidade declarada pelo fornecedor na Nota Fiscal corresponde à efetivamente recebida, portanto, típica de contagem, devendo-se optar por um modelo de conferência por acusação, no qual o Conferente aponta a quantidade recebida, desconhecendo a quantidade faturada pelo Fornecedor, conhecido como princípio da contagem cega. A confrontação do recebido/faturado posterior é efetuada, por meio do Regularizador que analisa as distorções detectadas e providencia recontagem.

Existe uma contagem de acordo com a natureza dos materiais abrangidos, sendo da seguinte forma, afirma Teixeira (2016).

1. Manual: para o caso de pequenas quantidades;
2. Por meio de cálculos: quando envolvem embalagens padronizadas com grandes quantidades;
3. Por meio de balanças contadoras pesadoras: para casos que envolvem grande quantidade de pequenas peças como parafusos e arruelas;
4. Pesagem: para materiais de maior peso ou volume, a pesagem pode ser feita através de balanças rodoviárias ou ferroviárias;
5. Medição: as medições são feitas por meio de trenas.

3ª FASE: CONFERÊNCIA QUALITATIVA

Atividade também conhecida como Inspeção Técnica, é da mais alta importância no contexto de recebimento de materiais, uma vez que visa garantir a adequação do material ao fim a que se destina.

A Conferência Qualitativa visa garantir o recebimento adequado do material contratado pelo exame das características dimensionais; das características específicas e das restrições de especificação.

Modalidades de inspeção de materiais

São selecionadas a depender do tipo de material que se está adquirindo, quais sejam:

• **Acompanhamento durante a fabricação:** torna-se conveniente acompanhar todas as fases de produção, por questão de segurança operacional;

• **Inspeção do produto acabado no fornecedor:** por interesse do comprador, a inspeção será feita em cada fornecedor;

• **Inspeção por ocasião do fornecimento:** a inspeção será feita por ocasião dos respectivos recebimentos.

Documentos utilizados no processo de inspeção:

• especificação de compra do material e alternativas aprovadas;

• desenhos e catálogos técnicos;

• padrão de inspeção, instrumento que norteia os parâmetros que o inspetor deve seguir para auxiliá-lo a decidir pela recusa ou aceitação do material.

Seleção do tipo de inspeção

A inspeção pode ser total ou por amostragem, utilizando-se de conceitos estatísticos.

A análise visual tem por finalidade verificar o acabamento do material, possíveis defeitos, danos à pintura, amassamentos.

A análise dimensional tem por objetivo verificar as dimensões dos materiais, tais como largura, comprimento, altura, espessura, diâmetros.

Os ensaios específicos para materiais mecânicos e elétricos comprovam a qualidade, a resistência mecânica, o balanceamento e o desempenho de materiais e/ou equipamentos.

Testes não destrutivos de ultrassom, radiografia, líquido penetrante, dureza, rugosidade, hidráulicos, pneumáticos também podem ser realizados a depender do tipo de material.

4ª FASE: REGULARIZAÇÃO

Caracteriza-se pelo controle do processo de recebimento, pela confirmação da conferência qualitativa e quantitativa, por meio do laudo da Inspeção Técnica e da confrontação das quantidades conferidas *versus* faturadas, respectivamente, para decisão de aceitar ou recusar, e, finalmente, pelo encerramento do processo.

É o fim do processo de recebimento. Se for constatado algum erro durante as conferências quantitativa ou qualitativa, é nesse ponto que devemos decidir pela devolução, acusando no verso da nota-fiscal o motivo da devolução, a data e a hora do fato. Se a conferência estiver devidamente correta, houver assinatura do canhoto da nota-fiscal acusando o recebimento (para o fornecedor), inicia-se o processo de regularização, catalogação e armazenagem dos materiais.

Segundo Fernandes (2006), o processo de Regularização poderá dar origem a uma das seguintes situações:

• Liberação de pagamento ao fornecedor (material recebido sem ressalvas);

• Liberação parcial de pagamento ao fornecedor;

• Devolução de material ao fornecedor;

• Reclamação de falta ao fornecedor;

• Entrada do material no estoque;

Para isso, é necessário os documentos na etapa de regularização:

• Nota fiscal;

• Conhecimento de transporte rodoviário de carga;

• Documento da contagem efetuada;

• Parecer da inspeção, contido no relatório técnico de inspeção;

• Especificação da compra;

• Catálogos técnicos;

• Desenhos.

Curiosidade: Sobre a Devolução ao Fornecedor, atente-se que o material em excesso ou com defeito será devolvido ao Fornecedor, dentro de um prazo de 10 dias a contar da data do recebimento, acompanhado da Nota Fiscal de Devolução, emitida pela empresa compradora.

Armazenagem

De acordo com Teixeira (2016), a armazenagem tem como objetivo primordial utilizar o espaço nas três dimensões, observando o comprimento, largura e altura, do modo mais hábil. As instalações do armazém devem acomodar a movimentação rápida e fácil de suprimentos desde o recebimento até a expedição.

A armazenagem compreende seis fases:

• 1ª fase: Verificação das condições pelas quais o material foi recebido, no tocante à proteção e embalagem;

• 2ª fase: Identificação dos materiais;

• 3ª fase: Guarda na localização adequada;

- 4ª fase: Informação da localização física de guarda ao controle;
- 5ª fase: Verificação periódica das condições de proteção e armazenamento;
- 6ª fase: Separação para distribuição.

Para a armazenagem são necessários alguns critérios que envolvem as características do material e essa função exige a aplicação dos seguintes parâmetros: fragilidade; combustibilidade; volatilização; oxidação; intoxicação; radiação; corrosão; inflamabilidade; volume; peso e formato. Seguem abaixo, na imagem, alguns avisos já conhecidos e mais utilizados nos dias atuais.

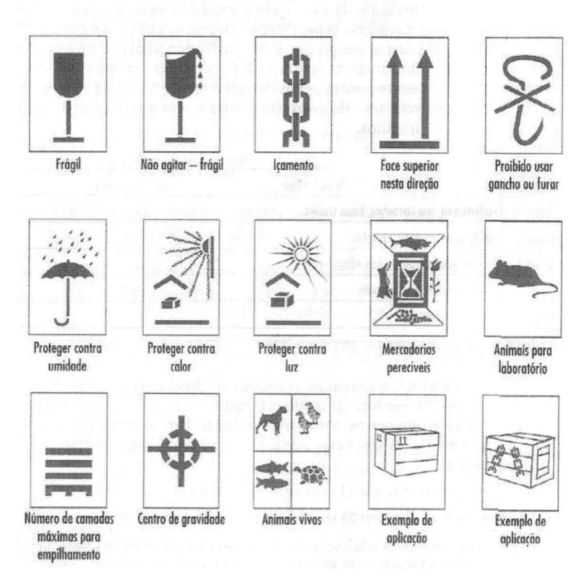

Ilustração - Armazenagem/características produtos. Fonte: (CHING, 2010).

Os métodos de armazenagem são:

Armazenagem por agrupamento: facilita as tarefas de arrumação e busca, mas nem sempre permite o melhor aproveitamento do espaço;

Armazenagem por tamanhos: permite aproveitamento do espaço;

Armazenagem por frequência: implica armazenar próximo da saída, são os materiais de maior frequência de movimento;

Armazenagem especial: a) ambiente climatizado - destina- se a materiais cujas propriedades físicas exigem tratamento especial; b) inflamáveis – produtos que devem ser armazenados em ambientes próprios e isolados, projetados sob rígidas normas de segurança; c) produtos perecíveis - devem ser armazenados segundo o método fifo.

Distribuição

Conforme Dias (1997), a distribuição é a atividade por meio da qual a empresa efetua as entregas de seus produtos, estando, por consequência, intimamente ligada à movimentação e ao transporte. Os materiais devem ser distribuídos aos interessados mediante programação de pleno conhecimento entre as partes envolvidas.

• A distribuição se classifica em distribuição interna e distribuição externa, segundo o autor.

Distribuição Interna: trata-se da distribuição de matérias-primas, componentes ou sobressalentes para manutenção, do almoxarifado ao requisitante, para continuidade das atividades da empresa;

• Distribuição externa: trata-se da entrega dos produtos da empresa a seus clientes, tarefa que envolve o fluxo dos produtos/serviços para o consumidor final, motivo pelo qual adota-se a denominação de distribuição física.

Os seguintes documentos são utilizados no Almoxarifado para atendimento das diversas rotinas de trabalho:

• Ficha de controle de estoque (para empresas ainda não informatizadas): documento destinado a controlar manualmente o estoque, por meio da anotação das quantidades de entradas e saídas, visando o seu ressuprimento;

• Ficha de Localização (também para empresas ainda não informatizadas): documento utilizado para indicar as localizações, através de códigos, onde o material está guardado;

• Comunicação de Irregularidades: documento utilizado para esclarecer ao fornecedor os motivos da devolução, quanto aos aspectos qualitativo e quantitativo;

• Relatório técnico de inspeção: documento utilizado para definir, sob o aspecto qualitativo, o aceite ou a recusa do material comprado do fornecedor;

• Requisição de material: documento utilizado para a retirada de materiais do almoxarifado;

• Devolução de material: documento utilizado para devolver ao estoque do almoxarifado as quantidades de material, porventura, requisitadas além do necessário.

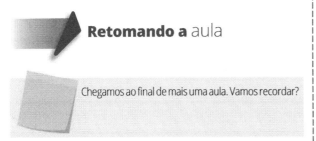

Retomando a aula

Chegamos ao final de mais uma aula. Vamos recordar?

1 – Conceito da logística do almoxarifado

Na seção 01, vimos todos os processos de logística dentro de um almoxarifado, desde a entrada do produto até a estocagem. É importante ressaltar que o almoxarifado não é apenas um depósito, mas, sim, o lugar onde se encontra estocado os principais ativos da organização.

2 – Noções básicas de almoxarifado

Vocês tiveram a oportunidade de conhecer um pouco do antigo Almoxarifado, que inicialmente tinha como ideia de "depósito", e quase sempre o pior e mais inadequado local da empresa, dessa maneira, os materiais eram acumulados de qualquer forma, utilizando-se mão de obra desqualificada e

despreparada. Na oportunidade, fizemos um breve estudo sobre o novo modelo de Almoxarifado, que por meio do recurso e modernas técnicas, a situação primitiva originou os sistemas de manuseio e armazenagem de materiais bem sofisticados.

3 – Funções da estrutura do almoxarifado

Vimos quais os documentos necessários para um excelente atendimento das diversas rotinas no trabalho, tais como: aprender a comprar, receber, guardar e distribuir.

Vale a pena

Vale a pena acessar,

Influência do Clima Organizacional: Disponível em: http://www.administradores.com.br/artigos/negocios/a-influencia-do-clima-organizacional-nas-empresas-e-nas-pessoas/98588/.

Artigo Clima Organizacional. Disponível em: http://www.cairu.br/revista/arquivos/artigos/Artigo_Clima_Organizacional.pdf.

Logística reversa. Disponível em: http://www.paulorodrigues.pro.br/arquivos/Logistica_Reversa_LGC.pdf.

Minhas anotações

Minhas anotações

Aula 3º

Avaliação de estoque e codificação de materiais

Prezados(as) estudantes,

Nesta terceira aula, iremos falar sobre a organização do estoque. Como essas organizações são feitas? Através de códigos e etiquetas, pois, fica mais fácil para o profissional no momento da identificação e localização do material.

— Bons estudos!

Objetivos de aprendizagem

Ao término desta aula, vocês serão capazes de:

- compreender o conceito de estoques;
- organizar o estoque de uma empresa;
- entender controle de estoques;
- compreender a importância da avaliação de estoques;
- identificar o funcionamento da Codificação.

1 - Conceito de estoques

Estoque vem da palavra inglesa *Stocks*, que significa "aquilo que é reservado para ser utilizado em tempo oportuno", poderá, igualmente, significar poupança ou previsão (INFORMAL, 2006).

Segundo Moreira (1999), estoques são bens físicos que possam ser conservados, procuramos apropinquar- se as quantidades existentes, aquilo que temos, porém não pensamos na conservação desses números. Portanto, é de extrema importância o setor do estoque, pois é o local onde a organização pode arquivar, armazenar o material, assim estará garantindo sua conservação e quando houver procura, sua busca na organização do estoque será de rápido acesso.

Cada organização, de acordo com suas peculiaridades, tem seu processo, sistemas e métodos próprios para a definição do estoque e conservação de suas matérias-primas, máquinas, materiais propostos à produção e à reposição. A estocagem dos materiais, das matérias-primas e dos gêneros alimentícios em geral exige conhecimentos especializados dos responsáveis, fato este que valoriza o trabalho desses profissionais no mercado de trabalho.

A administração do controle de estoque deve minimizar o capital total investido em estoques, pois ele é caro e aumenta continuamente, uma vez que o custo financeiro também se eleva. Uma empresa não poderá trabalhar sem estoque, pois, sua função amortecedora entre vários estágios de produção vai até a venda final do produto.

Segundo Araújo (1981), o estoque de uma empresa é o fator regulador dos abastecedores e departamentos, seções, setores etc., que consomem, utilizam e transformam tudo aquilo que é adquirido, sendo uma das principais funções dos estoques controlar, mantendo o necessário equilíbrio entra as aquisições e as necessidades certas do consumo.

A finalidade primordial dos estoques é a de alimentar os setores consumidores em quantidades restritamente necessárias. Em se tratando de produção industrial e comercialmente falando, os estoques também deverão ser calculados com a maior aproximação possível da base de consumo ou de procura normais, tendo em vista o fato de se fazerem grandes pedidos que venham a exceder o consumo médio, correndo o risco de imobilizar capitais consideráveis; ao contrário, se os pedidos forem muito restritos, poderão ser sobrepujados pela procura, e, nesse caso, por não ter o que fornece, o prejuízo será evidente, comercialmente falando.

Segue abaixo um exemplo básico de estoques em diferentes operações.

Quadro 1: Exemplos de Estoque

Operação	Exemplos de estoques
Fábrica de geladeiras	-Matéria-prima e componentes - Produtos semiacabados - Geladeiras acabadas - Materiais de limpeza
Armazém de alimento	- Alimentos armazenados - Embalagens - Materiais de limpeza
Restaurante	- Bebidas e alimentos - Pratos, copos, talheres e outros utensílios - Itens de toalete - Materiais de limpeza
Loja de roupas	- Roupas armazenadas - Cabides e expositores - Materiais de limpeza
Hospital	- Bebidas e alimentos - Remédios, instrumentos e itens de enfermaria - Sangue - Materiais de limpeza

Fonte: GRAZIANI (2013).

Estoque é uma ferramenta de administração de materiais de uma organização, conforme estudos de Martins (2004). Para ele, estoque consiste numa série de atividades que vão desde o planejamento (necessidades de materiais em estoque) até o controle (quantidades adquiridas, com a intenção de medir a sua localização, movimentação, utilização e armazenagem desses estoques).

Representa capital empacado, mas, por outro lado, seu baixo nível pode originar perdas de economias e custos elevados devido à falta desses materiais. É de extrema importância a sua eficaz administração, pois, grande parte do capital das empresas está nos materiais envolvidos na produção, sendo comum representarem metade de todo o seu capital.

VANTAGENS DO ESTOQUE NA ORGANIZAÇÃO:

• Resguardar de imprevisibilidade dos processos;
• Probabilidade de compra de materiais a baixos preços para se revender quando os preços são elevados;
• Controlar e conhecer os níveis de materiais existentes;
• Evitar o desconforto devido a entregas e aquisições com elevada frequência.

2 - Tipos de estoques e suas funcionalidades

• Matérias-primas
• Produtos em fabricação;
• Produtos acabados;
• Produtos semiacabados;
• Materiais indiretos

MATÉRIAS-PRIMAS

Quando falamos em matéria-prima, são os materiais necessários à produção ou à confecção dos produtos e que são incorporados a estes, dando origem ao produto acabado; seu consumo é proporcional ao volume de produção.

Almoxarifado de matérias-primas: material básico que irá receber um processo de transformação dentro da fábrica.

PRODUTOS EM FABRICAÇÃO

Os produtos em fabricação são os materiais que estão em estágio intermediário de elaboração. São aqueles que estão passando por diversas fases de fabricação, de transformação da matéria-prima em produtos semiacabados, podendo ainda, ser denominados "semi-usinados", ou seja, utilizados em fase de acabamento.

Almoxarifado de materiais auxiliares: participa do processo de transformação da matéria-prima dentro da fábrica; participa na execução e transformação do produto.

PRODUTOS ACABADOS

Como o próprio título ilustra, são aqueles prontos para serem entregues aos consumidores.

Almoxarifado de acabados: produtos prontos e embalados que serão enviados aos clientes.

MATERIAIS INDIRETOS

Os materiais indiretos não figuram no produto acabado, mas concorrem indiretamente para a produção industrial; seu consumo, de modo geral, não é proporcional ao volume da produção.

Almoxarifado Intermediário: podem ou não ser restritos, isto é, possuir espaços delimitados e controlados; por isso, têm um fator altamente influente no custo do produto;

PRODUTOS SEMIACABADOS

Entende-se por produtos semiacabados aqueles materiais provindos da produção que, para serem considerados acabados, ainda deverão sofrer pequenas operações tais como: acabamento final, lustre, pintura etc.

A finalidade precípua dos estoques destinados à produção consiste em planejar, controlar e replanejar o estoque, isto é, as quantidades de materiais que entram e saem, as épocas em que ocorrem essas entradas e saídas, e o tempo decorrente entre essas épocas e o ponto de pedido dos materiais. A relação entre as quantidades que entram e saem e a época em que isso ocorre fornece também os ritmos de suprimentos (entradas) e dos consumos (saídas) dos materiais.

No controle dos estoques destinados à produção, esse objeto poderá ser praticamente atingido através do exercício das funções principais que seguem.

FUNÇÕES PRINCIPAIS NO CONTROLE DE ESTOQUE

Segundo Araújo (1981):
- Efetuar o cálculo mínimo do estoque a ser mantido.
- Efetuar o cálculo do lote de suprimento.
- Efetuar o cálculo do estoque mínimo.
- Emitir uma ficha de estoque a mais completa possível.
- Manter atualizada a ficha de estoque.
- Replanejar os dados quando surgirem razões para modificá-los.
- Emitir solicitação de compra para os materiais cuja aquisição lhe tenha sido delegada pelo planejamento e controle de produção ao qual essa função pertence. Seria o caso, por exemplo, dos materiais comprados automaticamente a partir das indicações das fichas de estocagem.
- Fornecer aos demais órgãos da empresa os dados que lhe são solicitados, mediante autorização do planejamento e controle da produção ao qual deve ser normalmente subordinado.
- Recebe o material que entra juntamente com a nota fiscal ou nota de entrega, conforme o sistema adotado pela empresa.
- Caso o material não possua código, identificá-lo com o código interno adotado pela empresa.
- Conferir o material confrontando-o com a vida da nota de compra e com a nota fiscal.
- Guardar o material.
- Lançar o material (entrada) na ficha de estoque.
- Conservar o material nas condições mais seguras.
- Entregar o material mediante apresentação de requisição do setor requisitante.
- Lançar o material (entrada) na ficha de estoque.
- Arquivar toda a documentação de entrada e saída.
- Organizar e manter essa organização nos setores dos almoxarifados e sub-almoxarifados da empresa.

CONTROLE DOS ESTOQUES
Estoques mínimos

A finalidade precípua dos estoques mínimos é a de permitir ao departamento de compras ou ao comprador da empresa, conforme o caso, efetuar as necessárias consultas aos fornecedores inscritos no cadastro de fornecedores. Com tempo de sobra para que algumas ofertas sejam recebidas, podem-se permitir outras vantagens, tais como ajustar as quantidades de encomendas para que estejam de acordo com a embalagem comercial, como padrão com os lotes de fabricação econômicos e com a lotação completa de veículos de transportes, com o estudo dos tipos de "pallets" ou de "containers" (cofre de carga) a serem economicamente utilizados com a finalidade de se obter um custo mínimo de transportes.

A cada dia que passa mais se difundem esses modernos meios de transportar cargas, tanto que na aviação já operam aviões cargueiros, adaptados à utilização de "pallets" denominados aviões paletizados, sendo de notar que, mais recentemente os "containers" (cofre de carga) estão sobrepujando a utilização dos "pallets", pois oferecem mais segurança e maleabilidade nos transportes de mercadorias.

Controles dos estoques x departamento de compras: a limitação das reais instalações de armazenagem é citada, como fator limitante na política de compras. A preocupação em proporcionar e manter as instalações para a manipulação e o armazenamento é um problema de administração de estoques. Enquanto o agente comprador talvez se preocupe, anual ou mensalmente, com o dado geral relativo ao emprego dos materiais, o encarregado e responsável pelo controle dos estoques analisa o registro muito mais detalhado do número de demandas por mês e por dia como item necessário para determinar os pontos de encomendas e as quantidades mínimas de estoque. Desse modo, são evitadas as faltas de estoque, empregando-se os pedidos dos departamentos relativos às necessidades operacionais.

O investimento em materiais é um fator da política financeira que pode superar as considerações relativas estritamente aos custos e as quantidades de compras. Poderão existir excelentes razões circunstanciais ou diretrizes que surgiram uma política de investimentos em materiais, na qual as poupanças das compras sejam sacrificadas em benefício da fluidez das fontes de capital ou ainda de sua aplicação em outras áreas dos negócios. As decisões administrativas dessa espécie são frequentemente completadas por meio de diretrizes estabelecidas para o estoque e seu controle.

Desse modo, é verdade que as diretrizes de ação relativas às compras e aos estoques andam de mãos dadas. Têm ambas objetivo comum de buscar o custo final mais barato e viável para os materiais comprados.

A política de uma empresa para o estoque determina ou modifica a política estabelecida para as compras, em vez de acontecer o contrário. Esta é uma das razões para que se estabeleça o controle dos estoques como uma responsabilidade conjunta, onde quer que tal plano organizacional esteja sendo praticado.

A responsabilidade do controle dos materiais, além das aquisições propriamente ditas, deve ter ponto de vista mais amplo da função total de controle de materiais e ser capaz de adaptar tanto a política de compras como a diretriz dos estoques, para atingir, assim, o objetivo final da administração material.

Sistema ABC (MATERIAIS E ESTOQUES)

O Sistema ABC é utilizado na administração de estoque, um instrumento que permite identificar elementos que carecem de tratamentos adequados na gestão de estoque para a definição das necessidades de vendas, estabelecendo a programação de produção da organização. O estoque é fundamental para manter a cadeia produtiva eficiente.

Segundo Russomano (1995), o sistema ABC tem sido usado na prática de gestão de estoques e foi aplicado, pela primeira vez, na General Electric e seu introdutor foi H. F. Dixie, representado através alta porcentagem do valor do estoque. Através do sistema ABC é possível observar como está o tratamento da organização, com visão no seu estoque. É um instrumento capaz de classificar os componentes de maior para a menor prioridade para a organização, assim evita os custos de materiais que não tenham giro e não geram lucro.

Na administração, esse princípio tem tido larga aplicação pela constatação de que a maior parte das vendas é gerada por relativamente poucos itens da linha comercial da empresa, ou seja, 80% das vendas provêm de 20% dos itens da linha de produtos. Embora esta não seja uma relação exata para toda firma, é verdade que há uma desproporção entre o valor de vendas e o número de itens.

Esse método consiste em separar os materiais em três grupos: A, B, C, classificando-os de acordo com os seus valores e dando mais importância aos materiais de maior valor monetário. Em todos os Almoxarifados, existe um pequeno número de itens que possuem elevado teor financeiro e um grande número de outros de menor valor, assim como uma quantidade intermediária de itens que têm custos médios. Fazendo-se uma comparação entre os valores dos materiais adquiridos e sua correlação de necessidades, poderíamos dividir os itens numa escala de 100%, da seguinte maneira:

MATERIAIS	ITENS	VALOR FINANCEIRO
A	5%	75%
B	20%	20%
C	75%	5%
Total	100%	100%

Os diversos fatores que devem ser considerados para classificar os materiais dentro desse método são:

- Tempo de fornecimento;

- Volume do material;

- Perecibilidade;

- Condições de mercado;

- Características particulares.

MATERIAIS A	MATERIAIS B	MATERIAIS C
Por serem os mais caros e em menor número, em geral, devem permanecer em estoque por pouco tempo.	São os materiais de quantidades e valores intermediários, e podem ficar estocados por um período de tempo médio (em torno de 60 dias).	São os materiais de pouco valor e de grandes quantidades; portanto, podem ficar estocados por mais tempo. Os critérios acima servem como regra, mas cabe ao administrador perceber que cada material, de acordo com as características de seu Almoxarifado, tem armazenamento próprio e poderá sair de um nível de classificação para outro. Por exemplo: materiais perecíveis, mesmo que custem pouco em razão de sua pouca durabilidade, deverão transpor o item C e rumar para o item A. Portanto cabe ao administrador do Almoxarifado classificar os produtos de acordo com as próprias características de cada item, levando em conta sua própria experiência e as notas fiscais com os respectivos valores. Nem sempre essa tarefa cabe a quem administra o Almoxarifado público, quando este possuir departamentos especializados. Mesmo assim, é necessário que quem esteja diretamente ligado aos processos de distribuição tenha noção destes critérios e possa auxiliar todo o sistema de compra.

Fonte: Elaborado pelo autor.

3 - Avaliação de estoque

As formas de registro de estoques visam a controlar a quantidade de materiais em estoques, tanto em volume físico, quanto em valor financeiro. Tendo em vista que a empresa poderá adquirir um mesmo tipo de produto em datas diferentes, pagando por ele preços variados, criando a necessidade de se levantar o custo dessas mercadorias estocadas.

Entretanto, quando se avalia o estoque anual, este deve levar em consideração os preços, a fim de se proporcionar uma avaliação exata do material e informações financeiras atualizadas.

Sendo assim, a avaliação dos estoques inclui:

- o valor das mercadorias;
- o valor dos produtos em fabricação;
- o valor dos produtos acabados.

Na avaliação dos materiais temos como base:
a) o seu preço de custo – fabricação; ou
b) o seu preço de mercado – compra.

Já no que tange aos métodos de avaliação de estoques, temos:

1-custo médio;

2-método PEPS

3- método UEPS

3.1 Método do Custo Médio

É a avaliação mais utilizada, leva em consideração todas as saídas, a um preço médio.

Ou seja, os produtos serão avaliados pela média dos custos de aquisição, sendo estes atualizados a cada compra efetuada. Esse método equilibra as flutuações de preços, mas a longo prazo reflete os custos reais de compras.

É previsto pela nossa legislação fiscal.

Método do Custo Médio

		ENTRADA			SAÍDA			SALDO		
Dia	Nf	Qte.	Preço unit.	Total	Qte.	Preço unit.	Total	Qte.	VL. médio	Total
07/08	001	500	15,00	7.500				500	15,00	7.500
08/08	002	200	20,00	4.000				700	16.43	11.500
23/09					150	16,43	2.464,50	550	16.43	9.035,50
							2.464,5			

Onde: $X = \dfrac{\sum VALOR\ R\$}{QTE.}$ ENTÃO: $\dfrac{11.500}{700} = 16,43$

Fonte: Elaborado pelo autor

3.2 Método PEPS

A sigla PEPS significa: Primeiro a Entrar, Primeiro a Sair. É a avaliação feita pela ordem cronológica das entradas, ou seja, sai o material que 1º entrou no estoque e, assim, sucessivamente, permanecendo estocados os produtos de aquisição mais recente. É utilizado quando se tem u m giro de estoque rápido. Nesse critério, a empresa dá saída nos estoques dos produtos mais antigos, ou seja, adquiridos primeiro.

É previsto pela nossa legislação fiscal.

Método PEPS

		ENTRADA			SAÍDA			SALDO		
Dia	Nf	Qte.	Preço unit.	Total	Qte.	Preço unit.	Total	Qte.	VL.	Total
07/08	001	500	15,00	7.500						
08/08	002	200	20,00	4.000				500	15,00	.500,00
08/08								00	20,00	4.000,00
23/09					150	5,00	250,00	350	15,00	5.250,00
23/09								00	20,00	4.000,00
							2.250,00			

Fonte: Elaborado pelo autor.

3.3 Método UEPS

A sigla UEPS significa: Último a Entrar, Primeiro a Sair. Ao contrário do método anterior, dá-se a saída ao material mais recente no estoque, ficando estocados sempre os produtos mais antigos. É utilizado em períodos inflacionários, pois tende a uniformizar os preços dos produtos em estoque para a venda ao consumidor. Cabe ressaltar, porém, que este método não é admitido pela legislação brasileira.

25

Método UEPS

Dia	Nf	ENTRADA			SAÍDA			SALDO		
		Qte.	Preço unit.	Total	Qte.	Preço unit.	Total	Qte.	VL.	Total
07/08	001	500	15,00	7.500						
08/08	002	200	20,00	4.000				500	15,00	7.500,00
08/08								200	20,00	4.000,00
23/09					150	20,00	3.000,00	500	15,00	7.500,00
23/09								50	20,00	1.000,00
							3.000,00			

Fonte: Elaborado pelo autor.

Pode-se observar, por meio dos três métodos, que o maior valor final de saída foi o do UEPS. Entende-se este valor como sendo o Custo das Mercadorias Vendidas R$ 3.000,00.

Tal custo deixaria a margem de lucro menor. Consequentemente, o imposto a ser pago seria menor, pois estaria incidindo sobre uma menor lucratividade.

Exemplos:

CUSTO MÉDIO

CUSTO MÉDIO

PRODUTO: ALFA											
DATA			ENTRADA			SAÍDA			SALDO		
DIA	MÊS	ANO	QTDE.	VR.UNIT.	5	QTDE.	VR.UNIT.	TOTAL	QTDE.	VR.UNIT.	TOTAL
04	12	2000	100	10,00	1.000,00				100	10,00	1.000,00
05	12	2000	200	9,00	1.800,00				300	9,33	2.800,00
06	12	2000				250	9,33	2.333,33	50	9,33	466,67

RESULTADO COM MERCADORIAS:

Venda de mercadorias:	3.500,00
(-) deduções de vendas:	(726,25)
(=) vendas líquidas	2.773,75
(-) custo de mercadorias vendidas	(2.333,33)
(=) lucro com mercadorias	440,42

Fonte: Elaborado pelo autor.

MÉTODO PEPS

PRODUTO: ALFA

DATA			ENTRADA			SAÍDA			SALDO		
DIA	MÊS	ANO	QTDE.	VR.UNIT.	5	QTDE.	VR.UNIT.	TOTAL	QTDE.	VR.UNIT.	TOTAL
04	12	2000	100	10,00	1.000,00				100	10,00	1.000,00
05	12	2000	200	9,00	1.800,00				100	10,00	1.000,00
									200	9,00	1.800,00
									300	-------	2.800,00
06	12	2000				100	10,00	1.000,00			
						150	9,00	1.350,00			
						250	-------	2.350,00	50	9,00	450,00

RESULTADO COM MERCADORIAS:

VENDA DE MERCADORIAS:	3.500,00
(-) DEDUÇÕES DE VENDAS:	(726,25)
(=) VENDAS LÍQUIDAS	2.773,75
(-) CUSTO DE MERCADORIAS VENDIDAS	(2.350,00)
(=) LUCRO COM MERCADORIAS	423,75

Fonte: Elaborado pelo autor.

4 - Classificação e codificações de materiais

Comecemos com a leitura de um breve texto:

Classificação e Codificação dos materiais

Um sistema de classificação e codificação de materiais é fundamental para que existam procedimentos de armazenagem adequados, um controle eficiente dos estoques e uma operacionalização correta do almoxarifado. Classificar um material significa agrupá-lo segundo sua forma, dimensão, peso, tipo e uso. Em outras palavras, classificar um material significa ordená-lo segundo critérios adotados, agrupando-os de acordo com as suas semelhanças. Classificar os bens dentro de suas peculiaridades e funções tem como finalidade facilitar o processo de posteriormente dar-lhes um código que os identifique quanto aos seus tipos, usos, finalidades, datas de aquisição, propriedades e sequência de aquisição. Por exemplo, com a codificação do bem passamos a ter, além das informações acima mencionadas, um registro que nos informará todo o seu histórico, tais como preço inicial, localização, vida útil esperada, valor depreciado, valor residual, manutenção realizada e previsão de sua substituição. A classificação dos itens é composta de diversas etapas, quais sejam: catalogação, simplificação, especificação, normalização e padronização rumo à codificação de todos os materiais que compõem o estoque da empresa.

Vejamos melhor a conceituação de "classificação", definindo melhor cada uma dessas etapas:

Catalogação: significa o arrolamento de todos os itens existentes de modo a não omitir nenhum deles.

Vantagens da Catalogação:
1. A catalogação proporciona uma ideia geral da coleção;
2. Facilita a consulta por parte dos usuários;
3. Facilita a aquisição de materiais;
4. possibilita a conferência;
5. evita duplicidade de codificação;

Simplificação: significa a redução da grande diversidade de itens empregados para uma mesma finalidade. Quando duas ou mais peças podem ser usadas para o mesmo fim, recomenda-se a escolha pelo uso de uma delas; Especificação: significa a descrição detalhada de um item, como suas medidas, formato, tamanho, peso etc. Quanto mais detalhada a especificação de um item, menos dúvida se terá a respeito de sua composição e características, mais fácil será a sua compra e inspeção no recebimento.

Normalização: essa palavra deriva de normas, que são as prescrições sobre o uso do material; portanto significa a maneira pela qual o material deve ser utilizado em suas diversas aplicações;

Padronização: significa estabelecer idênticos padrões de peso, medidas e formatos para os materiais, de modo que não existam muitas variações entre eles. Por exemplo, a padronização evita que centenas de parafusos diferentes entrem em estoque.

Vantagens da Padronização:
1. Possibilita a simplificação de materiais;
2. Facilita o processo de normalização de materiais;
3. Aumenta poder de negociação;
4. Reduz custos de aquisição e controle;
5. Reduz possibilidade de erros na especificação;
6. Facilita a manutenção;
7. Possibilita melhor programação de compras;
8. Permite reutilização e permutabilidade

Assim a catalogação, a simplificação, a especificação, a normalização e a padronização constituem os diferentes passos rumo à codificação. A partir da classificação pode-se codificar os materiais.

Codificar um material significa representar todas as informações necessárias, suficientes e desejadas por meio de números e/ou letras, com base na classificação obtida do material.

A tecnologia de computadores está revolucionando a identificação de materiais e acelerando o seu manuseio.

A chave para a rápida identificação do produto, das quantidades e fornecedor é o código de barras lineares ou código de distribuição. Esse código pode ser lido com leitores óticos (scanners). Os fabricantes codificam esse símbolo em seus produtos e o computador no depósito decodifica a marca, convertendo-a em informação utilizável para a operação dos sistemas de movimentação interna, principalmente os automatizados.

Fonte: https://sites.google.com/site/profamarilzaprojovem/home/ almoxarifado/ classificacao-materiais. Acesso em: 12/02/2021.

O texto é bastante esclarecedor, não é mesmo? Por meio dele, destaco que a decodificação e classificação os materiais podem ser organizados de forma mais adequada e segura. Organiza-se, então, por meio de classes e categorias. Cada material, portanto, é organizado por meio de uma classificação que visa à retomada desse material por meio de uma classificação prática e, principalmente, eficiente.

É claro que existem tipos diferentes de codificação. Veja abaixo:

Alfabético – utiliza apenas letras para identificar um item.

Alfanumérico – utiliza letras para identificar uma classe e números para o item (Placas de automóveis).

Numérico – é o mais utilizado e o melhor método para codificar materiais.

A implementação de sistemas para processamento eletrônico de dados tem levado à utilização crescente do sistema numérico. A implantação do sistema decimal universal consolidou essa posição da forma numérica.

Retomando a aula

Chegamos ao final da nossa aula! Espero que agora tenha ficado mais claro o entendimento de vocês sobre codificação e estoque. Vamos, então, recordar:

1 – Conceito de estoque

Vocês perceberam alguns conceitos de estoque, em que cada organização tem seu sistema, seus métodos próprios de definir estoque e de conservar suas matérias-primas, máquinas, materiais, propostos a produção e a reposição.

2 – Tipos de estoques e suas funcionalidades

Vocês aprenderam os tipos de estoques existentes e suas principais funções no seu controle, sua finalidade principal no controle mínimo até a permissão do departamento de compras ou ao comprador da empresa, não esquecendo que a limitação das reais instalações de armazenagem é citada, como fator limitante na política de compras. A preocupação em proporcionar e manter as instalações para a manipulação e o armazenamento é um problema de administração de estoques e ainda conhecer o Sistema ABC que é utilizado na administração de estoque, um instrumento que permite identificar elementos que carecem de tratamentos adequados na gestão de estoque para a definição das necessidades

de vendas, estabelecendo a programação de produção da organização.

3 – Avaliação de estoque

Na seção 3, buscou-se esclarecer pontos relativos à avaliação de estoques, bem como os principais cálculos utilizados, além de alguns aspectos legais relacionados ao tema.

4 – Classificação e codificações de materiais

Na seção 4, vimos algumas codificações como:

Alfabético – utiliza apenas letras para identificar um item.

Alfanumérico – utiliza letras para identificar uma classe e números para o item (Placas de automóveis).

Numérico – é o mais utilizado e o melhor método para codificar materiais.

Vale a pena

Vale a pena ler,

LUBBEN, Richard T. *Just in time*: uma estratégia avançada de produção. 2. ed. São Paulo: McGraw- Hill, 1989.

ACCIOLY, Felipe *et al - Gestão de Estoques*. 1. ed. Rio de Janeiro: FGV Editora, 2008.

Vale a pena acessar,

Portal da Administração. Disponível em: http://www. portaladm.adm.br/am/AM15.htm.

ABEPRO. Disponível em: http://www.abepro.org. br/biblioteca/ENEGEP2006_TR450303_8218.pdf.

Minhas anotações

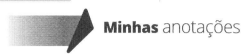

Minhas anotações

Aula 4º

Indicadores logísticos e gestão da cadeia de suprimentos

Nesta aula, iremos tratar sobre assuntos pertinentes a cadeia de suprimentos. Vamos compreender o que significa uma cadeia e quais são os seus componentes. Também iremos verificar uma filosofia de produção e estocagem que é o Just in Time.

Uma ótima aula para todos vocês!

— Bons estudos!

Objetivos de aprendizagem

Ao término desta aula, vocês serão capazes de:

- compreender a filosofia Just In Time;
- compreender o funcionamento da Cadeia de Suprimentos;
- analisar as ferramentas de desempenho logístico.

1 - Just In Time: breves considerações

É possível notar que a evolução da economia mundial acaba causando influências em empresas ao redor de todo o mundo. Nesse sentido, podemos ver que, por efeitos externos à empresa em si muitas delas acabam ampliando, outras diminuindo ou mesmo fechando as portas. Com isso, notamos ainda que as empresas que permanecem estagnadas em seus conceitos e modo de atuar tendem, ou a regredir, ou mesmo fechar. Do mesmo modo, as empresas que se modernizam sem planejamento acabam não obtendo sucesso.

Tendo em vista tais questões, é fundamental que o empresário esteja atento às modificações e, por meio delas, possa empreender melhorias necessárias na estrutura da empresa, nunca perdendo de vista o que é realmente necessário fazer.

O autor Carlos Cesar (2010) discute tais questões no texto abaixo:

Raramente as modificações são planejadas tendo em mente o sistema global da empresa; em vez disso, o processo de "evolução" segue em frente, e o que normalmente se desenvolve é uma colcha de retalhos de procedimentos operacionais que são departamentais por natureza. Tipicamente, resultam lacunas e sobreposições nas responsabilidades entre departamentos, tanto no relacionamento com o outro como na relação com fornecedores e clientes.

Como resultado dessa evolução tipo colcha de retalhos, muitas empresas têm a oportunidade de melhorar significativamente o seu desempenho como um todo, adotando sob um ponto de vista sistêmico global a integração e otimização de processos e procedimentos com o propósito de evitar desperdício e ineficiência. O resultado positivo desse esforço será uma redução no custo total de fabricação e melhoria dos lucros da empresa através de redução ou eliminação de tipos específicos de despesas gerais.

As áreas improdutivas, que serão mais afetadas ao se seguir uma abordagem de integração total de sistemas (ITS), envolvem funções e processos que foram desenvolvidos para atender a problemas relacionados com sistemas de manufatura. Muitos desses processos e funções não acrescentam valor ao produto; eles existem somente para compensar incapacidades em algumas partes do sistema da manufatura. A eliminação dos setores improdutivos, identificando-se e removendo as incapacidades do sistema que necessitam dele irá melhorar a lucratividade em um curto prazo com baixos investimentos.

(Fonte: http://www.administradores.com.br/producao-academica/ objetivo-do-sistema-jit-just-in-time/3453/. Acesso em: 12/02/2021).

Nesse contexto, o que seria o Just In Time? De que forma esse conceito se relaciona com a discussão acima? Convido-os a ler o texto abaixo para refletirmos sobre o termo:

O Just-in-time é uma proposta de reorganização do ambiente produtivo assentada no entendimento de que a eliminação de desperdícios visa o melhoramento contínuo dos processos de produção, é a base para a melhoria da posição competitiva de uma empresa, em particular no que se referem os fatores com a velocidade, a qualidade e o preço dos produtos.

O "JIT" é as iniciais de Just-In-Time/Total Quality Control, um método para gestão da produção. Como se pode perceber pela designação o controla da produção é feito enquanto o bem é produzido, e não no fim. Inclusivamente, o controlo é feito pelos próprios operários, como veremos mais adiante.

Como se sabe o Japão é pequeno, muito populado e pobre em recursos. É por isso que o princípio base do JIT é evitar enormes armazéns de stocks e de peças defeituosas, poupando espaço e, ao mesmo tempo, todo um conjunto de recursos que têm que ser disponibilizados para manter esses armazéns.

Fonte: http://www.administradores.com.br/artigos/carreira/o-que-e-just-in-time/21936/. Acesso em: 22/09/2014.

O modelo JIT foi desenvolvido a partir da década de 1970, por Taiichi Ohno. Ele foi responsável por criar o Sistema Toyota de produção e seu objetivo era criar:

> [...] um sistema de administração que pudesse coordenar a produção com a demanda específica de diferentes modelos e cores de veículos com o mínimo atraso. Mais tarde, esses conceitos foram batizados pelos ocidentais de JUST IN TIME, que quer dizer no tempo exato (MENDES, s/d, s/p).

O sistema se baseava na redução do tempo que era necessária para passar a produção de uma peça ou modelo para outro. Se o tempo de mudança podia ser reduzido em boa medida, as mudanças poderiam ocorrer com mais frequência. Mais modelos poderiam ser fabricados, o tempo de produção de um lote seria reduzido e, com isso, os estoques seriam menores, assim como o tempo ocioso de cada funcionário.

Os efeitos negativos do aumento da variedade de produtos poderiam de tal modo ser reduzidos. O sistema de produção seria puxado pela demanda, como, por exemplo, um cliente em uma lanchonete: só a partir do momento em que o garçom verifica o pedido do cliente, que é produzida sua refeição. Seria muito difícil, ou quase impossível, atender às necessidades desse cliente a uma demanda sem que ela seja conhecida. O seu pedido puxou a produção. No JUST IN TIME, a demanda é um fator fundamental para seu funcionamento.

Um sistema semelhante, chamado Kanban, que visa realizar a produção por meio do que é demandado, envolvendo a produção do que é necessário, inclusive, em termos de quantidade, ficou bastante conhecido no Ocidente. No entanto, o Kanban diferencia-se do JIT por este ser considerado uma "filosofia", que engloba aspectos da administração, da qualidade, do arranjo físico, do projeto, da organização do trabalho da gestão dos recursos. Nesse sentido, por mais que existam os defensores da ideia de que o sucesso do sistema de administração JIT tenha relação com a cultura japonesa, por isso sua eficácia, é crescente o número de gerentes e acadêmicos que vem o empregando em diferentes lugares do mundo.

Já sabemos o que são e como se caracterizam os JIT, mas, qual seriam seus objetivos? É importante refletir sobre isso para que, no momento de sua aplicação, isso se dê de forma eficaz. Abaixo, elencamos os objetivos desse sistema:

Objetivos do Just In Time

01- Atacar os problemas fundamentais – o JIT defende que o ideal é não mascarar os problemas da empresa. A partir disso, os problemas são eliminados antes que possam causar danos à organização.

02- Eliminar os desperdícios - entre os desperdícios clássicos, o JIT sublinha que eles devem ser eliminados para melhorar o funcionamento global da empresa.

03- Procurar a simplicidade – é necessário desenvolver os enfoques da empresa de modo simples, para que seja eficaz. Ao contrário dos enfoques anteriores, que atuavam por meio de uma gestão complexa, o JIT busca simplificar o fluxo de materiais e também de controle.

04- Desenhar sistemas eficazes de identificação de problemas – para buscar a solução de problemas, é necessário que eles sejam previamente identificados. Para tanto, é importante que sejam considerados métodos no intuito de detectar certos problemas a tempo. O Controle Estatístico de Processos e o Kanban são as melhores ferramentas.

Elementos do sistema JIT

• Programa mestre de produção – programação entre 1 e 4 meses, a fim de dar carga uniforme para a produção e fornecedores.

• Kanban – é quem operacionaliza o Just In Time. Sistema de sinalização utilizado para "puxar" o estoque entre pontos de operações diferentes.

• Tempos de preparação – como o sistema JIT visa a produzir lotes ideais, um tempo de preparação de máquina menor é importante. O objetivo é evitar desperdícios.

• Colaborador multifuncional – devido à flexibilidade da produção, o operador deve ter habilidades distintas como: manutenção, coordenação, qualidade etc.

• Layout – a planta do setor produtivo deve facilitar a movimentação dos materiais, pois no JIT o estoque fica no chão da fábrica e não nos almoxarifados.

• Qualidade – é essencial no JIT, pois defeitos geram custos, desperdícios de material e de tempo.

• Fornecedores – devem ser também flexíveis e mais afinados com a filosofia da empresa; ser parceiros e não adversários. Muitas vezes devem fazer entregas frequentes e com qualidade assegurada (livre de inspeção).

Desperdícios existentes em um processo produtivo e que o Just In Time visa a eliminar:

• Processo - fabricar com o mínimo de perdas e evitar o uso inadequado de máquinas e ferramentas;

• Método - número excessivo de movimentos, tempo ou esforço;

• Movimentação - mover e armazenar componentes é custo e não valor;

• Defeitos de produtos - interrompem o fluxo de produção e desperdiçam tempo na operação seguinte;

• Tempo de espera - tempo em que se aguarda o operador ou materiais;

• Superprodução – a fabricação que vai além do necessário provoca ocasionalmente de estoques desnecessários;

• Estoques - a manutenção de estoques custa dinheiro e seu excesso, custos adicionais.

2 - Cadeia de suprimentos

Ao falar sobre Cadeia de Suprimentos, podemos notar que se trata de um conjunto de ações desenvolvidas no intuito de obter materiais, promover-lhes valor e favorecer a disponibilização dos produtos. É fundamental ter em mente que isso se dá de forma que sempre se leve em consideração os consumidores: quais são suas concepções? Quais os tipos de produto precisam?

Nesse contexto, leiam o texto abaixo, acerca do tema:

> Segundo Bertaglia (2006), a cadeia de abastecimento corresponde ao conjunto de processos requeridos para obter materiais, agregar-lhes valor de acordo com a concepção dos clientes e consumidores e disponibilizar os produtos para o lugar (onde) e para a data (quando) que os clientes e consumidores os desejarem.
> Além de ser um processo bastante extenso, a cadeia apresenta modelos que variam de acordo com as características do negócio do produto e das estratégias utilizadas pelas empresas para fazer com que o bem chegue as mãos dos clientes e consumidores. Bertaglia (2006) afirma que o conceito sofreu evoluções importantes durante os últimos anos. A cadeia de abastecimento integrada apresenta uma visão mais ampla do que se conhece como cadeia logística, esta mais limitada à obtenção e movimentação de materiais e a distribuição física de produtos.
> SANTOS, Valquíria Pereira dos. Logística: modalidades de distribuição e linha de produção. Disponível em: http://www.unisalesiano.edu.br/simposio2011/publicado/artigo0031.pdf. Acesso em: 15/09/2014.

Nunca se falou tanto em atender às exigências dos consumidores como tem acontecido na contemporaneidade. Por outro lado, os consumidores nunca foram tão exigentes. Isso mostra que estão se informando acerca dos seus direitos e os exigindo cada vez mais.

Sendo assim, o conceito de Resposta Eficiente ao Cliente (ECR) vem sendo amplamente utilizado e sendo muito eficaz na resposta ao consumidor. A implementação com êxito da estratégia do canal de distribuição é fundamental para se obter sucesso no mercado. Contudo, essa é uma atividade extremamente complexa (SANTOS, 2011, p. 2).

Esse conceito corresponde à execução das ações da empresa de modo conjunto e organizado, de modo a otimizar o tempo da empresa e, principalmente, atender o cliente com eficácia. É necessário, para tanto, existir atividades de cooperação entre todos os setores dentro da organização, desde o momento da seleção da matéria-prima até a disponibilização do produto ao consumidor.

Nota-se que, ao aplicar mesmo que parcialmente o conceito de ECR na empresa, a cadeia de abastecimento será afetada. A implantação total ou parcial do conceito ECR (Resposta Eficiente ao Cliente) afeta sobremaneira o comportamento da cadeia de abastecimento. As atividades, dessa forma, podem ser identificadas e os procedimentos reduzem os custos e aumentam a velocidade da cadeia. É nela que se vão identificar as atividades físicas e os procedimentos que agregam importância aos processos, contribuindo para a redução de custos e para o aumento da velocidade da cadeia.

> Segundo Bertaglia (2003), o gerenciamento efetivo e apropriado da cadeia de abastecimento deve considerar todos os aspectos relevantes e as peças fundamentais do processo de tal forma que seja o mais ágil possível sem comprometer a qualidade ou a satisfação do cliente, mantendo ainda o custo total competitivo (SANTOS, 2011).

As decisões são orientadas tanto para o curto prazo, como também para o longo prazo. Ao serem tomadas as decisões, portanto, é necessário que seja envolvido tanto as políticas da empresa quanto das empresas participantes, pois quando se pensa em cadeia de produção, é necessário ter claro que se vai além dos limites e se considera também as empresas que farão parte do processo de produção.

Ressalta-se, contudo, que toda cadeia de abastecimento deve considerar a agilidade do serviço, de forma que nunca comprometa a qualidade ou a garantia de satisfação do cliente. Ainda, para que a produção seja qualitativa à empresa, verifica-se detalhadamente o custo total da produção e sua competitividade, comparada às outras empresas do mesmo ramo.

3 - Indicadores de desempenho logístico

Os indicadores de desempenho logísticos são ferramentas utilizadas para ter como acompanhar o desenvolvimento do departamento.

Segundo o SEBRAE (2020):

> Afirma que a maioria das empresas que vem à falência durante os dois primeiros anos de vida têm uma gestão deficiente. É exatamente para isso que servem os indicadores de desempenho: auxiliar o empresário na gestão do seu empreendimento. Um painel de indicadores bem estruturado permite acesso à muitas informações que, geralmente, não são vistas em uma análise superficial. Além disso, permite que a empresa defina metas concretas e saiba traçar um caminho para alcançá-las.

Sendo assim, qualquer departamento tem necessidade de acompanhar o desempenho, seja logístico, de RH ou de produção.

Mas, o que seria esses indicadores voltados para a logística? Vamos ver o seguinte artigo da Danielle Doyle (2019):

O que são indicadores de desempenho logístico?

Os indicadores de desempenho (KPIs) logísticos são utilizados para rastrear, visualizar e otimizar todos os processos relevantes do departamento de logística. Assim, a utilização de KPIs garante que você esteja sempre avaliando sua performance em relação a um benchmark estático. Dessa forma, as flutuações se tornam imediatamente visíveis e, se o desempenho se mover na direção errada, você poderá responder rapidamente, fazendo os ajustes necessários.

Esses índices servem para mensurar o nível de serviço em diferentes processos logísticos. Com isso, mostram quais situações cruciais merecem uma maior atenção por parte dos gestores.

A definição dos indicadores de desempenho logístico vai depender das características gerais do seu negócio e da sua composição logística.

Nesse sentido, é preciso levar em consideração fatores como:
O estoque;
Os meios de transporte;
A segurança das mercadorias.
Se, por exemplo, o transporte da carga é feito pelas rodovias, é interessante adotar não somente a taxa de atrasos de entrega como indicador, mas também a taxa de incidentes.

As vantagens dos indicadores de desempenho logístico

Identificação de gargalos na qualidade;
Redução de custos;
Maior produtividade;
Tomadas de decisão bem fundamentadas e mais assertivas;
Aumento da segurança;
Maior satisfação do consumidor final;
Aumento da capacidade de atendimento.

Exemplos de indicadores de desempenho logístico

1 - Entregas dentro do prazo
O objetivo deste indicador é identificar possíveis problemas no seu processo de atendimento de pedidos.
Ele se refere à relação entre os pedidos entregues dentro do prazo estipulado e o total de pedidos.
Assim, quando este KPI está muito baixo, significa que há problemas processuais que precisam ser corrigidos.
Por exemplo: planejamento desatualizado, sistemas de recebimento de pedidos insuficientes para o tamanho da demanda etc.
O cálculo é o seguinte:
Entregas dentro do prazo / total de entregas * 100;
O ideal é manter essa porcentagem acima de 90%.

2 - Perfect Order Rate
Aqui é feito o monitoramento do grau de incidentes desde o transporte até a entrega de um pedido.
A Perfect Order Rate é outra métrica logística altamente importante quando se trata da eficiência da sua cadeia de suprimentos. Este indicador mede a quantidade de pedidos que são processados, enviados e entregues sem nenhum incidente em seu caminho.
Por exemplo: atrasos, pedidos errados, mercadorias danificadas etc.
O POR é um KPI importante, pois mostra a eficiência de sua cadeia de suprimentos e serviços de entrega. E isso leva, é claro, a clientes

mais satisfeitos que, por isso, estão dispostos a voltar ou recomendar seus serviços.

Quanto maior for essa taxa, melhor será para o seu negócio. Dessa forma, você perderá menos dinheiro com devoluções de mercadorias imprecisas ou danificadas e aumentará o nível de satisfação de sua base de clientes.

3 – Tempo Médio de Entrega

Com este indicador, você consegue rastrear o tempo necessário para que um pedido seja preparado corretamente para chegar ao destino. O Tempo Médio de Entrega é medido a partir do momento em que o pedido é feito até o momento em que é entregue ao cliente.

Ao adotar este indicador, você consegue ser mais preciso na hora de oferecer prazos para os seus clientes. Dizer, por exemplo, que um pedido chegará entre 4 e 5 dias úteis é melhor do que dizer que ele chegará entre 1 e 5 dias úteis.

Da mesma forma, precisar o horário de entrega entre 13h e 15h em vez de entre 8h e 18h é também bastante eficaz.

Este é um exemplo típico de KPI de logística para diminuir o tempo de entrega.

4 – Custos de Transporte

Acompanhe todos os custos, desde o momento do pedido até sua entrega.

O indicador de custos de transporte calcula o total das despesas envolvidas no processamento de um pedido desde o início até o final. Para isso, recomenda-se que os custos sejam divididos em categorias distintas: o processamento de pedidos, o administrativo, o estoque, o armazenamento e, finalmente, os custos reais de transporte.

Depois de calcular tudo isso, você pode avaliar a porcentagem que cada etapa do processo representa e ver se isso é excessivo ou se está dentro da normalidade.

Você também pode calcular os custos de transporte relativo a um produto e ver quanto custa um item em comparação com a receita que ele gera.

O objetivo é diminuir os custos de transporte, mantendo uma alta qualidade de entrega.

5 – Custos de Armazenagem

Os Custos de Armazenagem referem-se ao dinheiro alocado às mercadorias transferidas para o depósito ou fora dele.

Essas despesas cobrem os custos de equipamentos e energia, como pedidos, armazenamento e carregamento de mercadorias, e também custos mais humanos, como mão de obra, remessa ou entrega.

Sendo o armazém uma área vital do seu negócio, é importante medir e revisar os custos regularmente, de modo a melhorar suas operações e avaliar essa melhoria.

Medir este indicador não é uma tarefa fácil. Mas, uma vez feito, facilitará sua gestão geral e agregará muito valor, algo que a alta administração ou os investidores irão apreciar.

Podemos perceber que são vários os indicadores dentro do processo de logística e são esses indicadores mínimos para ter uma boa gestão e controle dos processos no departamento de logística.

Retomando a aula

Chegamos ao final da nossa aula! Espero que agora tenha ficado mais claro o entendimento de vocês sobre codificação e estoque. Vamos, então, recordar:

1- Just in time: breves considerações

É fundamental que o empresário esteja atento às modificações e, por meio delas, possa empreender melhorias necessárias na estrutura da empresa, nunca perdendo de vista o que é realmente necessário fazer. Nesse contexto, criou-se o JIT.

2 - Cadeia de suprimentos

Ao falar sobre Cadeia de Suprimentos, podemos notar que se trata de um conjunto de ações desenvolvidas no intuito de obter materiais, promover-lhes valor e favorecer a disponibilização dos produtos.

3 - Indicadores de desempenho logístico

Vimos a importância dos indicadores de desempenho logístico. Dentro desse departamento é essencial que tenha uma boa gestão, controle e organização das atividades de todos. Por isso a necessidade de acompanhar todo processo logístico de uma organização.

Vale a pena

Vale a pena ler

PIRES, S. R. I. *Gestão da cadeia de suprimentos (Supply Chain Management)* – conceitos, estratégias, práticas e casos. São Paulo: Atlas, 2004.

Vale a pena acessar

Portal d Administração. Disponível em: http://www.portaladm.adm.br/am/AM15.htm.

ABEPRO. Disponível em: http://www.abepro.org.br/biblioteca/ENEGEP2006_TR450303_8218.pdf.

Indicadores de desempenho. Disponível em: https://www.itepconsultoria.com/indicadores-de-desempenho-grandes-aliados-de-pequenasempresas.

 **Minhas** anotações

Aula 5º

Transporte

Prezados(as),

Durante esta aula, iremos verificar quais são os tipos de transporte logísticos diponibilizados no momento da realização do transporte do produto ou até mesmo da matéria-prima. Vamos falar também sobre a roteirização de veículos que é de extrema importância quando falamos sobre economia de combustível e tempo. Uma ótima aula!

— Bons estudos!

Objetivos de aprendizagem

Ao término desta aula, vocês serão capazes de:

- compreender o surgimento e funcionamento do transporte;
- compreender o que é roteirização veicular;
- analisar o funcionamento da logística internacional.

Seções de estudo

1 – Transporte
2 – Roteirização de veículo
3 – Logística Internacional

1 - Transporte

Segundo o site Brasil Escola:

> A palavra "transporte" vem do latim trans (de um lado a outro) e portare (carregar). Podemos dizer que, em síntese, que transporte é o movimento de pessoas ou coisas de um lugar para outro. Os transportes podem se distinguir pela possessão, onde o transporte público é destinado a qualquer pessoa e o privado é restringido somente a quem os adquiriu.
> Os transportes contêm três elementos: infraestrutura, veículos e operações comerciais. Infraestrutura é a malha de transporte: rodoviária, férrea, aérea, fluvial, tubular etc. Os veículos são automóveis, bicicletas, ônibus, trens e aeronaves, que utilizam essa malha. As operações são as formas como esses veículos utilizam a rede, como leis, diretrizes, códigos, etc. (Disponível em: http://www.brasilescola.com/geografia/transportes.htm. Acesso em: 15/09/2014).

Para qualquer empresa, a parte do transporte é muito importante. Geralmente, o transporte engloba uma média de dois terços dos custos com logística, portanto, nota-se que é fundamental evitar gastos. Nesse sentido, qualquer empresa, independentemente de seu porte, deve planejar o transporte a ser realizado, tanto na obtenção da matéria prima quanto na entrega dos produtos. Isso evita gastos desnecessários, tanto de tempo quanto de dinheiro.

O transporte é um sistema muito importante para o desenvolvimento da organização.

Veja, abaixo, os principais tipos de transporte, bem como as estatísticas brasileiras:

> Os meios de transporte ainda podem ser divididos em:
>
> - **Terrestre: Carros, ônibus, trem, etc.**
> - **Aquático: Navios, canoa, barcos, etc.**
> - **Aéreos: Aviões, helicópteros, balão, etc.**
> - **Tubular: Gasoduto, oleoduto etc.**
>
> Estatística dos tipos de transportes no Brasil (1999):
>
> 1º Rodoviário – 61,82%
>
> 2º Ferroviário – 19,46%
>
> 3º Aquaviário – 13,83%
>
> 4º Dutoviário – 4,58%
>
> 5º Aéreo– 0,31%
>
> *Disponível em: http://www.brasilescola.com/geografia/transportes.htm>.*
> *Acesso em: 14/09/201.*

Vejam alguns dados específicos acerca do transporte no Brasil:

O Brasil tem área geográfica continental. O transporte é estratégico.
Esta otimização é resultado da necessidade de melhorar o desempenho e a competitividade.
Aumento das áreas de fronteiras produtivas, agrícolas e comerciais.
A realidade dos transportes não é condizente com o ritmo dos avanços industriais.
Problemas ligados à vida útil de grande parte da frota de veículos.

Elementos Básicos do Sistema de Transporte

O sistema de transporte é formado pelos seguintes elementos:

• VIAS – dizem respeito aos caminhos por onde os veículos de transporte circulam. Podem ser privados ou não e englobam o direito de circulação. Exemplo: Rodovias, ferrovias, hidrovias etc.

TERMINAIS - lugares existentes para carga e descarga de mercadorias ou pessoas, conexões, entre retirada e entrega de materiais; podem ser privados ou não. Exemplo: Portos, estações rodo e ferroviárias, aduanas etc.

VEÍCULOS - são as unidades de carregamento, ou seja, é quem movimentará as cargas ou pessoas ao longo das vias. Exemplo: Caminhões, ônibus, embarcações, aeronaves etc.

A eficiência do sistema de transporte depende, obrigatoriamente, da eficiência de todos seus componentes. É necessário, portanto, adequar o tipo de carga a ser transportada ao transporte que ela necessita, ou seja, deve-se considerar as condições do transporte, como as estradas e os possíveis portos e também os terminais de carga e descarga. Tudo isso visando à melhora da produtividade e eficiência na prestação de serviços.

Meios de transporte

MEIO DE TRANSP.	VOL. DE CARGA	CUSTOS	FLEXIBILIDADE	TEMPO
AÉREO	15 A 25 ton	ALTOS	BOA	RÁPIDO
FERROVIÁRIO	75 A 90 ton / vag	BAIXOS	BOA	LENTO
RODOVIÁRIO	7,5 A 60 ton	BAIXOS	BOA	MÉDIO
HIDROVIÁRIO	ACIMA DE 100 ton	BAIXOS	MÉDIA	LENTO
DUTOS	ALTO	BAIXOS	BAIXA	RÁPIDO

Fonte: GEIPOT – Empresa Brasileira de Planejamento de Transportes (2007).

2 - Roteirização de veículo

Segundo Virgílio (2001):

> A grande concentração populacional nos grandes centros urbanos tem provocado o aparecimento de um número cada vez maior de pontos de atendimento. Ao mesmo tempo, tentando evitar o "caos urbano", provocado por um número cada vez maior de veículos,

as companhias de engenharia de tráfego têm imposto uma série de restrições tanto de tamanho como de horários de circulação de veículos, nas operações de coleta e/ou entrega de produtos.

Além disso, com a era da globalização e a introdução da filosofia de Gestão da Cadeia de Suprimentos (GCS), os clientes têm se tornado cada vez mais exigentes no que diz respeito à qualidade e prazos de entrega, gerando uma competitividade crescente e uma busca por serviços cada vez mais customizados que, para as empresas de distribuição de produtos, tem se tornado um fator cada vez mais importante na obtenção de vantagem competitiva e conquista de fatias cada vez maiores do mercado.

Nesse sentido, muitas empresas de transporte têm tentado dar maior confiabilidade, mais velocidade e flexibilidade, assim como praticar a intermodalidade em todos os seus canais de distribuição, buscando maior eficiência e pontualidade nas tarefas de entrega e/ou coleta; um melhor aproveitamento da frota e dos motoristas; menores tempos de ciclo; menores tempos de obtenção e melhor planejamento das rotas, gerando assim sensíveis reduções de custos operacionais, melhoria da imagem da empresa no mercado, maior fidelidade de clientes e, em função disso, uma conquista cada vez maior de fatias de mercado. Nesse sentido, de modo a obter excelência nos processos de distribuição física, muitas empresas têm adquirido os chamados os sistemas de roteirização e programação de veículos (SRPV).

Sendo assim, é possível perceber que o aumento da população, o aumento do consumo e das entregas, fez o mercado demandar sistemas e meios de roteirização de veículo.

Sistemas de roteirização de veículos, são sistemas computacionais que utilizando dados e algoritmos, mostra para o analista de logística qual é a melhor rota a ser utilizada para economizar tempo, combustível e dinheiro.

Iremos analisar um artigo do autor André Cristiano da Silva Melo (2001):

CARACTERIZAÇÃO DE ALGUNS SISTEMAS DISPONÍVEIS NO MERCADO

No Brasil, atualmente, são comercializados diversos sistemas de roteirização, sendo a maioria deles ainda desenvolvida no exterior, com heurísticas de solução que geralmente não são disponibilizadas pelos seus desenvolvedores. As principais características possíveis de se levantar sobre estes produtos são descritas abaixo.

O Trucks é um dos sistemas mais antigos disponível no mercado nacional e o que se tem maiores registros de utilização. É um sistema complexo que requer a montagem, bem como a edição e atualização de uma rede viária realizada a partir de uma mesa digitalizadora. Com o mapa digitalizado, a malha viária é desenhada (acompanhando o contorno das ruas), e nela os clientes podem ser localizados no nível de quarteirão. A partir daí, este sistema define as rotas, excluindo trechos que apresentem barreiras naturais ou artificiais (congestionamentos, obras, acidentes, etc.), definindo velocidades de tráfego nas ruas, cadastrando todos os clientes, reduzindo o tempo de processo como um todo. Além disso, todas estas rotas podem ser visualizadas na tela de um microcomputador sobre a malha viária da cidade. Segundo seu fabricante, este sistema indica as rotas levando em conta parâmetros como:

Horários de recebimento das mercadorias de cada veículo;
Taxas de descarga;
Velocidades médias por trecho;
Distância média entre pontos.

Além disso, este sistema pode ainda tomar como referência rotas com pernoite, tempo de trabalho do motorista e custos de horas extras, bem como obter, como resultado final, uma estatística da roteirização, incluindo o custo total de cada rota.

Para utilizar o Trucks é necessário ter, pelo menos, um microcomputador 486 com sistema operacional DOS, Windows ou OS 2.

O Truckstops parece utilizar como estratégia de solução, segundo CUNHA (1997), um método de geração de roteiros iniciais através de uma heurística do tipo vizinho mais próximo, roteiros estes que podem ser melhorados através de uma heurística de intercâmbios de clientes dentro de um mesmo roteiro e entre veículos. Segundo seu fabricante, este sistema trabalha com três tipos básicos de dados:
Informações de paradas – nomes, endereços, números de identificação, latitude e longitude;

Informações dos veículos – fatores de custo ($/milha, $/h e $/h extra), regras de trabalho, origem e destino;

Informações gerais – Defaults e dados não específicos de paradas ou veículos individuais.

Além desses, pode-se inserir dados geográficos tais como: mapas (detalhados ou não); barreiras geográficas naturais (rios, lagos, etc.) ou não (serviços de infraestrutura, desvios, etc.) e dados de redes urbanas ou rodoviárias. Este sistema é capaz de trabalhar com mais de 1700 clientes e permite ao usuário: indicar paradas e obter as melhores programações de rotas para cada veículo da frota; ajustar prioridades de carregamento; indicar todos ou alguns veículos como transportadores autônomos; consolidar paradas localizadas nos mesmos pontos, prédios ou alamedas; particionar grandes carregamentos para um único veículo; redespachar, se necessário, veículos de modo a suprir de forma mais eficiente a demanda de clientes.

O RoadShow parece ser um sistema bastante flexível, possibilitando a tomada de decisões baseada em custo reais de distribuição, considerando variáveis como tempo, tráfego, condições das ruas, entre outras. Segundo seu fabricante, utilizando-se o mouse, é possível criar, editar e atualizar a malha viária (nós e links), assim como modificar (ex. devido à adição de um novo cliente) suas rotas, recalculando e mostrando a nova rota, além das implicações de custo decorrentes de tais modificações. Nesse sistema, o mapa de operação, sobre o qual são exibidas as rotas, é scanneado do mesmo mapa usado por despachantes e motoristas, ou seja, com todos os detalhes importantes da região em questão, garantindo, assim, que as rotas não passem por barreiras naturais ou artificiais.

Comercializado no Brasil desde 1993, este sistema trabalha com janelas de tempo rígidas ou flexíveis, definindo a frequência de atendimento e selecionando os dias mais adequados ao atendimento. Outra peculiaridade é o uso de dois monitores simultaneamente: um para representação gráfica do mapa scanneado e dos roteiros, e o outro contendo informações detalhadas do que está sendo exibido graficamente. Devido ainda a sua interface gráfica, o Roadshow pode mostrar, além de mapas contendo rotas, paradas e caminhos a serem percorridos, planilhas de cálculo de rotas com detalhes de custo para até 4 rotas.

O TransCAD é um sistema utilizado para armazenar, mostrar, gerenciar e analisar dados de transporte, combinando um SIG e um sistema de modelagem de capacidades de transporte em uma plataforma integrada (SIG-T). Trabalhando com todos os modais de transporte, este sistema, quando aplicado a modelos de roteamento e logística, pode ser utilizado por diferentes setores (públicos ou privados) em aplicações tais como:

Operações de coleta e entrega;
Planejamento da distribuição;
Manutenção de facilidades/oportunidades (Facility maintenance);
Coleta e entrega porta-a-porta;
Varrição de ruas ou remoção de neve;
Coleta de lixo sólido e reciclável;
Cálculo de distâncias percorridas.

Segundo seu fabricante este sistema apresenta métodos de resolução que se baseiam na clássica heurística de "Economias" desenvolvida por Clarke e Wright (1964), para roteirização de pontos, e na heurística do Problema do Carteiro Chinês Misto, sugerida por Edmonds e Johnson (1973), melhorada por Frederickson (1979) e Christofides et al. (1984), e também usada por Gendreau, Laporte e Zhao no Windy Postman Problem, em roteamento de arcos (Melo, 2000).

O ROTAcerta foi desenvolvido pela Escola Politécnica da Universidade de São Paulo (USP) em 1993. É um sistema com interface em português, utilizado especialmente no contexto de roteamento e programação de veículos em áreas urbanas, considerando fatores e restrições comumente encontrados nesse ambiente, porém quase nunca tratados (devido à dificuldade que introduzem) na programação manual. Suas aplicações estão ligadas a entregas domiciliares; bebidas, cigarros, jornais ou qualquer outro produto; fretamento de funcionários; coleta e distribuição para atacadistas; visitas de assistência técnica, vendedores etc.; transporte de valores; e muitos outros. A partir da relação de clientes a atender e parâmetros dos tipos de veículos utilizados, este sistema determina os roteiros de coleta ou entrega e seus respectivos horários da frota, a fim de atender um conjunto de clientes ou tarefas, minimizando os custos totais de distribuição e atendendo a restrições do tipo:

Capacidade de cada tipo de veículo em peso e/ou volume;
Coleta e entrega simultânea (backhaul);
Equipamentos especiais dos veículos para realizar os atendimentos;
Faixa de horário de atendimento;
Horas extras, duração máxima da jornada e horário de almoço;
Tempos de viagem e de atendimento;
Veículo máximo por cliente.

Sua otimização considera as parcelas de custo variável com distância percorrida, custo do tempo e custo fixo por veículo utilizado, cujos valores unitários podem ser fornecidos pelo usuário. Além disso, este sistema ainda fornece a sequência de tarefas e os respectivos horários de atendimento para cada veículo da frota.

O ArcLogistics Route, segundo seu fabricante (ESRI), é capaz de atribuir paradas a veículos, além de construir sequências de paradas considerando fatores como tempo, custo, capacidade e produtividade de veículos. Esse sistema pode ser utilizado em várias aplicações, a saber:

Operações governamentais (estaduais e locais), permitindo redução de custos e melhoria de serviços, ao mesmo tempo, adequando-se a questões políticas e regulamentares;

Gerenciamento de frotas de veículos, fornecendo suporte à tomada de decisão referente tanto à geração quanto ao planejamento de rotas de entrega (comercial e residencial);

Operações relacionadas à saúde pública, possibilitando maior eficiência tanto em serviços de transporte (emergência/transferência) de pacientes, feitos por ambulâncias, como em coletas de material destinado a exames laboratoriais;

Telecomunicações, auxiliando companhias públicas ou privadas na redução de custos, ao mesmo tempo, mantendo/aumentando níveis de infraestrutura, manutenção e serviços.

Podemos analisar que são vários sistemas que podem orientar o analista de logística no momento da tomada de decisão, sendo assim, cada analisar cada situação e verificar a viabilidade do software para cada tipo de negócio.

39

Empresa	Ramo	Problema	Sistema	Resultados
Protege	Transp. de Valores	Otimização de rota e frota	*Trucks* 9.0	15% de redução da frota, mais rigor nos horários, maior qualidade de serviço
Sadia	Distr. Alim.	Otimiz. de rota	*Trucks* 8.2	Redução de 5% do custo operacional
Adriano Coselli	Atacadista	Red. tempo distrib. e Km	*Trucks* 8.2	Redução de 2h no tempo total e duplicação das entregas (500 p/ semestre)
Luiz Tonin	Atacadista	Red. tempo distrib. e Km	*Trucks* 8.2	Ganho de 3km p/ entrega, 30 entregas diárias p/ veículo, redução de 20% tempo de entrega e ampliação da área de atuação
Cofesa	Atacadista	Red. tempo distrib. e Km	*Trucks* 8.2	Rotas mais "enxutas", maior controle da frota
Grupo Benjamin	Atacadista	Red. tempo distrib. e Km	*Trucks* 8.2	Passou a atender 350 pedidos diários
Marilan biscoitos	Distr. Alimentos	Red. tempo e custo distrib.	*Trucks*	Redução de 5% nos custos de entrega, ganhos em produtivid., efic., qualid. e conflan. dos clientes
Fuller	Distr. Alimentos	Red. tempo e custo distrib.	*Trucks*	Economia de 27% nos custos de entrega e agilização das vendas
Transvalor	Transp. de valores	Red. Custos operacionais	*Trucks* 8.0	Redução nas horas extras (7% domingo, 3% sábado, e 8% nos outros dias)
Grupo Martins	Distrib. de Atacado	Rapidez atendimento	*Trucks*	Redução no tempo de ciclo e agilidade na entrega
Security Couriers	Distr. Vale-Refeição	Geren./efic. na entrega	*RoadShow*	Redução no tempo ciclo c/ mais entregas, redução de frota
Panamco Spal	Distr. Bebidas	Otimiz. de frota	*RoadShow*	Redução de 25% no nº veículos, maior eficiência na entrega
Jardim América	Distr. Bebidas	Red. Custos, Otim. Frota/rotas	*RouteSmart*	Redução de 10% a 15% dos custos de distribuição, otimização de rotas
Kibon	Distr. Sorvetes	Agilizar Distribuição	*TruckStops*	Mais 4000 clientes em 2 meses, redução de 25% Km e 95% ocupação dos veículos

Fontes: Melo (2000).

O quadro acima demonstra exemplos de sucesso de empresas que aderiram o sistema de roteirização.

3 - Logística Internacional

Ainda falando sobre roteirização, não podemos deixar de lado aquelas entregas de produtos mais distantes, onde o cliente está em outro país, mas não é tão simples assim.

O sistema de roteirização irá orientar em qual rota o produto será entregue mais rápido e com menos tempo, porém, para você entregar esse produto para outro país não é tão simples, temos burocracias e fora isso também é necessário decidir em qual meio de locomoção esse produto será transportado.

A logística internacional é fundamental para o bom funcionamento do comércio exterior, ou seja, sem entrega não tem compra e sem compra não tem cliente, isso poderia causar um grande buraco na economia. Percebem a importância da logística?

Por conta da globalização, na facilidade da informação e também no aumento do e-commerce, fez com que o consumo aumentasse e dessa forma, os trabalhos logísticos também.

Segundo Paulo Roberto (2019), a logística é o conjunto de atividades direcionadas a agregar valor, otimizando o fluxo de materiais, da fonte produtora até o consumidor final, garantindo o suprimento na quantidade certa, de maneira adequada, assegurando a sua integridade física a um custo razoável, no menor tempo possível, atendendo todas as necessidades do cliente, disponibilizando um fluxo de informações confiáveis e atualizadas

Dessa forma, a logística existe para agregar valor, como uma extensão entre o cliente e a organização.

Considerando que para a logística ser internacional é necessário cruzar fronteiras, quem a faz acontecer fisicamente são os operadores logísticos internacionais, por exemplo:

- Transportadores Rodoviários;
- Armadores (donos de navio);
- Companhias Aéreas (adivinha);
- Operadores Logísticos multimodais.

TIPO DE MODAL	VANTAGENS	DESVANTAGENS
Aeroviário	É o transporte mais rápido e Não necessita de uma embalagem mais reforçada.	Possui menor capacidade de carga e conta com o valor de frete mais elevado quando comparado à outros modais.
Aquaviário ou Marítimo	Possui uma maior capacidade de carga; Pode carregar qualquer tipo de carga e contém menor custo de transporte.	Necessita de transbordos nos portos; Conta com uma distância entre os centros de produção; Necessita de maior atenção às embalagens; Possui menor flexibilidade nos aliados e enfrenta congestionamento nos portos.
Ferroviário	Adequado para longas distâncias e quantidades grandes; Possui menor custo de frete e seguro.	Uma desvantagem é a diferença na largura das bitolas além de uma menor flexibilidade nos trajetos realizados.
Rodoviário	É adequado para curtas e médias distâncias; A mercadoria sofre apenas 1 operação de embarque e outra para descarga; Maior frequência e disponibilidade de vias de acessos; Mais agilidade e flexibilidade de carga; e, caso aconteça algum acidente, conta com mais facilidade de troca de veículos.	Algumas operações contam com frete alto; Este modal é o que conta com a menor capacidade de carga quando comparado à todos os outros e é o modal menos competitivo para longas distâncias.
Dutoviário	Funciona 24 horas por dia; Não sofre com influência de fatores climáticos e é o modal menos poluente.	No Brasil, este modal é pouco utilizado e um dos formatos mais lentos.

Fonte: SOUZA, Reginaldo da Silva. SOUZA, Genivaldo da Silva. A Logística Internacional e Comércio Exterior Brasileiro: Modais de Transporte, Fluxos Logísticos e Custos Envolvidos. SEGET, 2013, p. 11.

Retomando a aula

Chegamos ao final da nossa aula! Espero que agora tenha ficado mais claro o entendimento de vocês sobre codificação e estoque. Vamos, então, recordar:

1- Custos de transporte

Para qualquer empresa, a parte do transporte é muito importante. Geralmente, o transporte engloba uma média de dois terços dos custos com logística, portanto, nota-se que é fundamental evitar gastos. Nesse sentido, qualquer empresa, independentemente de seu porte, deve planejar o transporte a ser realizado, tanto na obtenção da matéria-prima quanto na entrega dos produtos.

2- Roteirização de veículos

Na seção 02, vimos a importância dos softwares de roteirização de veículos. No momento do transporte é primordial que o analista de logística tenha esse conhecimento, em saber qual é a rota mais próxima para a entrega, assim irá economizar tempo e dinheiro.

3- Logística internacional

Na seção 03, verificamos a importância da logística internacional para o comércio exterior. Sem os modais, seria impossível fazer qualquer tipo de transporte, sendo assim, sempre é importância (com a ajuda da roteirização) verificar a melhor forma de enviar o produto ao cliente e claro, utilizando a melhor rota com menos tempo e menos dinheiro.

Vale a pena **acessar,**

O que é roteirização. Disponível em: https://www.itransport.com.br/o-que-e-roteirizacao-tudo-que-voce-precisa-saber/.

Roteirização Logísticas e suas vantagens. Disponível em: https://blog.longa.com.br/roteirizacao-logistica/.

Aula 6º

Armazenamento

Nesta aula, iremos falar sobre armazenamento. O Armazenamento pode ser de vários tipos, cabe o profissional da área em verificar qual será a melhor forma de armazenar o produto. Após o transporte, precisamos saber a forma adequada de armazenar. Sendo assim, é necessário entender todo esse processo logístico. Boa aula!

Bons estudos!

Objetivos de aprendizagem

Ao término desta aula, vocês serão capazes de:

- compreender o funcionamento do armazenamento;
- identificar os diferentes tipos;
- definir critérios e estratégias de aplicação dentro da organização.

1 - Armazenamento

Passemos, agora, ao estudo do armazenamento. Esse é outro conceito essencial a nossa área, pois, o correto armazenamento prevê economia de gastos.

Dentro do conceito de administração de materiais, o armazenamento envolve guardar, armazenar itens em um determinado local, no qual haja a possibilidade de pegá-la novamente.

É possível fazer isso tanto com produtos sólidos quanto líquidos e gasosos. Cada item ou produto, obviamente, exigirá condições particulares de armazenamento.

Planejamento do armazenamento CONCEITO: envolve ao ato de reservar o material, de modo a promover segura localização.

OBJETIVO: facilitar o trabalho, de modo a ter disponíveis os produtos que se necessitam frequentemente, evitando compras desnecessárias.

Ao se planejar o armazenamento, deve-se considerar uma série de questões, tendo em vista sempre a otimização do serviço e do espaço:

- custo do espaço planejado;

- aproveitamento horizontal e vertical do espaço;

- movimentação de equipamentos e mão de obra;

- condições topográficas: para rampas, acesso;

- condições meteorológicas: prevendo chuva, vento, variações térmicas, sentido solar;

- características do material a estocar: peso, tamanho, detalhes técnicos, perecibilidade;

- estantes, armações, equipamentos, pisos, iluminação, áreas.

Há que se considerar também os tipos de sistema de armazenagem. O tipo a ser usado dependerá do qual é mais viável para a organização.

Aberto:

- não utiliza instalações específicas para a armazenagem;

- mais usado onde a rotatividade é alta;

- acesso é livre a qualquer usuário;

- estoque é próximo ao consumo.

Exemplo: produtos à disposição dos clientes, nas lojas de departamentos e supermercados.

Armazenamento aberto

Fonte: http://agro.gazetadopovo.com.br/noticias/logistica/a-ceu- aberto/. Acesso em: 11/09/2014.

Fechado:
- utiliza instalações específicas para armazenagem;
- acesso ao material é restrito ao responsável;
- há rigoroso controle p/ minimizar desvios, deterioração, sinistros;
É o mais usual.

Armazenamento fechado

Fonte: http://revistadinheirorural.terra.com.br/secao/agroeconomia/ tempo-fechado-para-o-algodao. Acesso em: 05/09/2014.

2 - Tipos de instalações de armazenamento

As instalações são locais para controle dos produtos. Destina-se ao recebimento, a conferência, a guarda, a preservação e ao fornecimento de materiais. Os tipos mais comuns são: armazém, galpão e área descoberta, conforme podemos conferir:
- armazém: edificação com piso e cobertura, paredes de fechamento frontal e lateral e espaço útil para administração, serviço e estocagem;
- galpão: edificação com piso e cobertura, com fechamento frontal e lateral e espaço útil de serviço e estocagem;

• área descoberta: superfície descoberta, com piso nivelado, compactado ou pavimentado, com rede de drenagem, cercas frontais e laterais. Espaço útil de serviço e estocagem.

Dentro dos tipos de armazenamento acima, também será necessário que se defina como os produtos dentro das instalações serão guardados. Deve-se dar especial atenção a este processo, pois, em casos de produtos menos usados, corre-se o risco de perder produtos caso a armazenagem não seja adequada. Obviamente, ninguém quer que isso ocorra, não é mesmo?

Formas Técnicas de Armazenagem:

• caixas - para materiais de pequenas dimensões (podem ser compradas no mercado ou fabricadas na própria empresa);

• prateleiras - de madeira ou metálicas, servem para materiais de maior dimensão ou para apoio de gavetas ou escaninhos. Podem ser combinadas com caixas;

• racks - armação geralmente de perfil metálico, acomoda peças longas e estreitas como tubos, vergalhões, barras;

• pallets ou estrados - majoritariamente feitos de madeira, com dimensões adequadas e padronizadas, servindo para neles serem acomodados materiais que não devem estar em contato direto com o solo e/ou necessitam de movimentação em estocagem de "giro" alto.

2.1 Critérios para Armazenamento

Os critérios para um bom armazenamento dependem de várias condições, pois cada empresa tem suas necessidades específicas e limitações como, quantidade de material em estoque, área física, sazonalidade etc. Porém, de maneira geral podemos citar alguns:

• cada material deverá ter um local previamente definido e demarcado, de modo que seja organizado da maneira mais prática;

• cada produto deve permitir sua identificação, para facilitar a busca;

• materiais de maior movimentação ou materiais grandes, pesados de difícil manuseio deverão localizar-se próximos da entrada e da saída;

• materiais perecíveis deverão ser organizados em função do critério "o primeiro que entra é o primeiro que sai" para evitar o envelhecimento e a perda do produto;

• materiais perigosos, produtos químicos e inflamáveis precisam de armazenagem especial, de modo que não ofereçam nenhum risco.

3 - Localização de instalações

Segundo Revelle e Eiselt, (2005), o termo "análise de localização" refere-se à modelagem, formulação e solução de uma classe de problemas que pode ser mais bem descrita como localização de facilidades num dado espaço.

O estudo de localização de instalações é um dos aspectos mais importantes dentro do planejamento estratégico aplicado a áreas tanto públicas como privadas, sejam elas localizadas no âmbito doméstico ou no âmbito internacional. Antes de uma instalação ser construída, um estudo de localização deve ser feito, objetivando determinar a apropriada localização e capacidade, bem como o capital necessário para sua alocação.

Segundo Pizzolato (2000), o problema de localizar uma instalação o posto de serviço consiste em escolher uma posição geográfica para sua operação tal, que seja maximizada uma medida de utilidade, satisfazendo diversas restrições, em particular restrições de demanda.

Se pararmos para analisar, a forma onde é inserido o canal de distribuição vai influenciar na logística da organização.

Vamos supor que uma empresa tem uma grande demanda de entrega na região Nordeste, porém a sua instalação está localizada no Sul do país com um canal de distribuição. O que você acha que irá acontecer, essa organização irá gastar mais ou menos tempo na entrega se o seu modal for rodoviário?

São essas análises que os profissionais da área da logística precisam perceber, precisa fazer um estudo de mercado, verificar onde está a maior região de população consumidora e verificar a viabilidade de uma instalação perto do Estado ou da cidade desses consumidores.

Retomando a aula

Está tudo certo até aqui? Lembrando que qualquer dúvida pode me acionar através da plataforma. Vamos relembrar?

1- Armazenamento

Ao se planejar o armazenamento, deve-se considerar uma série de questões, tendo em vista sempre a otimização do serviço e do espaço.

2- Tipos de instalações de armazenamento

As instalações são locais para controle dos produtos. Destina-se ao recebimento, a conferência, a guarda, a preservação e ao fornecimento de materiais. Os tipos mais comuns são: armazém, galpão e área descoberta.

3- Localização de instalações

Verificamos a importância de a logística analisar quais são os seus canais de distribuição e onde eles estão instalados. É de extrema importância que a organização faça uma análise de viabilidade antes de implantar um centro de distribuição, por exemplo.

Vale a pena

Vale a pena **acessar**

Localização de instação. Disponível em: http://scalalog.com/localizacao-de-instalacoes/.

Projetos de redes logísticas. Disponível em: https://edisciplinas.usp.br/pluginfile.php/2455187/mod_resource/content/3/Intro%20Localizacao%20abr-2016%20r3.pdf.

Minhas anotações

Custo de armazenagem

Caros(as) estudantes,

Dando continuidade na nossa disciplina, nesta aula iremos tratar sobre os custos de armazenagem, ou seja, qual o valor para construir um armazém ou estocar um produto?

Também ao final da aula, iremos verificar quais são as maneiras para reduzir esses custos de armazenagem. Desejo uma boa aula para todos!

— Bons estudos!

Objetivos de aprendizagem

Ao término desta aula, vocês serão capazes de:

- compreender questões relativas aos custos de armazenagem;
- identificar maneiras de reduzir esses custos.

Seções de estudo

1– Custo de armazenagem

1 - Custo de armazenagem

Passemos agora à discussão sobre custos no armazenamento. Esta é mais uma etapa a ser levada em consideração pelo administrador por ser de extrema relevância para a empresa. Essa importância se dá pelo fato de que "armazenar" gera custos. Nessa perspectiva, o processo de armazenamento deve procurar reduzir esses custos e otimizar o serviço.

Uma das etapas para tanto é a divisão por modalidades. Assim, ao se organizar as modalidades de armazenamento, a empresa terá claro quanto e com o que foi gasto, organizando, dessa forma, os investimentos nessa área. Por exemplo, os custos com capital de capitais não pode ser considerado o mesmo que os custos com pessoal. Do mesmo modo, os custos com edificação devem ser considerados independentemente dos custos com manutenção. Veja o exemplo abaixo:

CUSTOS DE CAPITAL	CUSTOS COM PESSOAL	CUSTOS COM EDIFICAÇÃO	CUSTOS COM MANUTENÇÃO
JUROS	SALÁRIOS	ALUGUEL	DETERIORAÇÃO
DEPRECIAÇÃO	ENCARGOS	IMPOSTOS	OBSOLESCÊNCIA
	SOCIAIS	(IPTU, ITR ETC)	
IOF	(PIS, COFINS, INSS, FGTS ETC.)	LUZ, ÁGUA	EQUIPAMENTO
SEGUROS			PERDAS
	GRATIFICAÇÕES	CONSERVAÇÃO	
	COMISSÕES	SEGUROS	

Fonte: http://slideplayer.com.br/slide/337422/. Acesso em: 12/02/2021.

Todos esses custos relacionados formam o que chamamos de custo de armazenagem. Ao serem avaliados de forma independente, faz-se um planejamento seguro dos investimentos.

Dentro desse contexto, é necessário considerar duas questões. A primeira diz respeito aos Custos Diretamente Proporcionais, que são os custos que irão aumentar conforme se aumenta a quantidade de produtos estocados. A outra é o Custo de Armazenagem Inversamente Proporcionais, e diz respeito ao declínio dos custos na proporção em que a quantidade de produtos estocados aumenta. Difícil? Vejam a imagem a seguir:

Compras

Custo Total de Manutenção dos Estoques

$$CT = (Ci \times Q + i \times Ci \times Q) \times (Q/2) + Cp(D/Q) + CI$$

Onde:
CT = custo total
$(Ci \times Q + i \times P) \times (Q/2)$ = custos diretamente proporcionais
$Cp(D/Q)$ = custos inversamente proporcionais
CI = custos independentes da quantidade (p/ex. galpão)

Fonte: http://slideplayer.com.br/slide/337422/. Acesso em: 12/02/2021.

Abaixo, vejam outro exemplo de planejamento dos custos de armazenagem:

$$C.armaz. = \frac{Q}{2} \times P \times T \times J$$

Onde:

C.armaz. - custo de armazenagem total
Q - quantidade de unidades armazenadas
P - preço de uma unidade

Fonte: http://slideplayer.com.br/slide/337422/. Acesso em: 12/02/2021.

Importante: Q/2 significa estoque médio.
Para o cálculo do custo de armazenagem deve ser considerada a quantidade média, pois como os produtos entram e saem do estoque, não se pode considerar que o estoque sempre está no seu nível máximo. Como também não é verdade que sempre ele está no seu nível mínimo. Considera-se a média da quantidade em estoque.

Vejam alguns exemplos:
1) Uma empresa possui 200 peças de um produto em seu estoque. Cada uma delas vale R$ 25,00. Supondo que o tempo de permanência do estoque na empresa é de 1 mês e que a taxa de juros do mercado é de 24% a.a. Qual o custo de armazenagem neste período?

$$C.\,armaz = \frac{200}{2} \times 25,00 \times 1 \times \frac{24}{100 \times 12}$$

C. armaz = R$ 50,00 para armazenar todas as peças durante um mês.

2) Uma empresa possui 200 peças de um produto em seu estoque. Cada uma delas vale R$ 25,00. Supondo que o tempo de permanência do estoque na empresa é de 2 meses e que a taxa de juros do mercado é de 24% a.a. Qual o custo de armazenagem nesse período?

$$C.\,armaz = \frac{200}{2} \times 25,00 \times 2 \times \frac{24}{100 \times 12} \times 2$$

C. armaz. = R$ 100,00 para armazenar todas as peças durante 2 meses.

3) Uma empresa possui 200 peças de um produto em seu estoque. Cada uma delas vale R$ 25,00. Supondo que o tempo de permanência do estoque na empresa é de 45 dias e que a taxa de juros do mercado é de 24% a.a. Qual o custo de armazenagem nesse período?

$$C.\ armaz = \frac{200}{2} \times \frac{25,00 \times 45 \times 24}{30\ 100 \times 12}$$

C. armaz. = R$ 75,00 para armazenar todas as peças durante 45 dias.

Retomando a aula

Está tudo certo até aqui? Lembrando que qualquer dúvida pode me acionar através da plataforma. Vamos relembrar?

1- Custos de armazenagem

Armazenar produtos é algo a ser bastante estudado pela empresa, pois, pode ser lucrativo e produtivo, se feito de forma planejada, mas, também pode ser negativo, se feito sem as devidas precauções.

Vale a pena

Vale a pena **acessar**

Custo de Armazenagem. Disponível em: http://www.remade.com.br/br/revistadamadeira_materia.num=559&subject=Log%EDstica&title=Os%20 custos%20 de% 20 ar mazenagem% 20 na% 20 log%EDstica%20 moderna.

Minhas anotações

Minhas anotações

Aula 8º

Sistemas e processos logísticos

Chegamos ao final da nossa disciplina, que pena! Mas vamos finalizar com um assunto bastante pertinente, tecnologia. Durante esta aula, iremos analisar quais são os sistemas que orientam nos processos logísticos. A tecnologia ajuda bastante o profissional no momento de visualizar todo o processo logístico e durante esta aula iremos tratar sobre alguns. Ótima aula e até a próxima!

Bons estudos!

Objetivos de aprendizagem

Ao término desta aula, vocês serão capazes de:

- possuir conhecimentos básicos sobre telecomunicações;
- saber o que são redes, internet e banco de dados;
- compreender operadores logísticos.

Seções de estudo

1 - Conceitualização de sistemas

Stairs e Reynolds (2002, p. 7) mencionam que um sistema "é um conjunto de elementos que se interagem para cumprir metas". Os elementos podem conter informações sobre lugares, pessoas, objetos, etc. As metas são definidas pela organização para que objetivos sejam alcançados e, para tal, essas organizações têm recorrido à tecnologia da informação para auxiliá-los a ter mais controle dos seus processos organizacionais. Nesse sentido, a TI tem sido utilizada para agilizar esses processos, auxiliando o administrador nas análises e proporcionando respostas acertadas em todos os níveis da organização.

O estudo dos sistemas de informação de acordo com Rezende (2003) surgiu como uma subdisciplina da ciência da computação, com o objetivo de racionalizar a administração da tecnologia no seio das organizações. O campo de estudo foi-se desenvolvendo até vir mesmo a fazer parte dos estudos superiores dentro da administração.

Dentro do contexto empresarial são várias as classificações para os sistemas de informação como, por exemplo, sistemas de apoio estratégico que auxiliam nas tomadas de decisões, sistemas administrativos que auxiliam na automatização de atividades em um escritório, entre outros diversos tipos.

É muito importante levar em consideração a quantidade e a qualidade das informações geradas por esses sistemas de informação, evitando que as informações fiquem dispersas dentro da empresa ou que informações importantes cheguem tarde aos interessados e o pior, que essas informações não sejam confiáveis (REZENDE, 2003).

Vale salientar, ainda, que o conceito de sistema de informação comumente é relacionado a sistemas de informática, porém, não são a mesma coisa, os sistemas de informática pertencem ao campo de estudos das tecnologias da informação, podendo então fazer parte de um sistema de informação como um objeto dele. Todavia, dizemos que um sistema de informação trata do desenvolvimento e da administração da infraestrutura tecnológica de uma organização (STAIRS; REYNOLDS, 2002).

2 - Sistemas empresariais básicos

Os Sistemas Empresariais Básicos ou nível operacional são utilizados para realizar tarefas do dia a dia da empresa, que são indispensáveis para conduzir a organização, como, por exemplo:

- Sistemas de Controle de Estoque;
- Sistemas de Emissão de Notas Fiscais;
- Sistemas de Controle de Recursos Humanos.

Eles são responsáveis pelo funcionamento da organização, pois estão relacionados diretamente às transações que desenvolvem as atividades gerais da empresa.

O principal objetivo dos sistemas de informações empresariais básicos é responder às questões rotineiras e acompanhar o fluxo de transações da empresa. Esses sistemas também fornecem informações aos níveis mais inferiores da empresa, onde as tarefas e recursos, normalmente, são predefinidos e altamente estruturados.

Para entender melhor, vamos utilizar o exemplo que Laudon (1999) nos apresenta: para que um administrador ou responsável pelo departamento de recursos humanos de uma empresa possa pagar um empregado ativo, tem que seguir dois princípios previamente estabelecidos: em primeiro momento, o empregado tem que estar registrado na folha de pagamento e, em segundo momento, precisa-se verificar se o empregado trabalhou na semana recorrente. Porém, para que essa decisão seja tomada, não é necessário que a direção da empresa seja consultada para decidir o que deve ser feito. Para essa ocasião, o necessário é verificar se o empregado satisfez os critérios estabelecidos. Decorrente disso, os sistemas são utilizados, principalmente, por essas pessoas com pouca ou nenhuma responsabilidade, o que implica que os sistemas exigem pouca ou nenhuma decisão de quem os operam.

Os sistemas empresariais básicos atribuem às organizações capacidade de executar as suas atividades mais importantes, de forma bem mais eficiente. Pode-se dizer, também, que as empresas precisam desses sistemas para seu funcionamento diário. Porém, muitas vezes esses sistemas são fundamentais para o alcance de objetivos estratégicos de longo prazo, ao invés de, simplesmente, tornarem a empresa operacionalmente mais eficiente.

A maioria das informações dos sistemas empresariais básicos provêm de dentro da empresa, mas estes sistemas também têm de lidar com dados de clientes e fornecedores e com fatores externos à empresa. Por exemplo: as empresas contêm dados de seus clientes que efetuam pedidos de compra; para efetuar compras, as empresas precisam saber dados de seus fornecedores; o sistema de folha de pagamento necessita incorporar as modificações ocorridas nas leis federais, estaduais e locais etc. Assim, podemos observar que, necessariamente, os sistemas básicos também ajudam a solucionar problemas que dizem respeito ao relacionamento da empresa com seu ambiente externo (Disponível em: https://www.ronaldoneres.com.br/sistemas-empresariais-basicos/ Acesso em: 12/02/2021).

Na Figura 1, podemos ver alguns exemplos de sistemas de informações comuns nos departamentos de uma empresa.

Departamentos	Aplicativo
Marketing e Vendas	• Geração de perspectiva de venda. • Monitoramento de perspectiva de venda. • Gestão de clientes. • Previsão de vendas. • Gerenciamento de produtos. • Marcas.
Operações	• Lançamento de pedidos. • Gerenciamento de pedidos. • Gerenciamento de estoque de produtos acabados.
Produção	• Estoque (matérias-primas, produtos em elaboração). • Planejamento. • Cronograma. • Operações.
Serviço de Atendimento ao Cliente	• Monitoramento de pedidos. • Monitoramento de vendas. • Suporte ao cliente e treinamento.
Recursos Humanos	• Recrutamento. • Remuneração. • Avaliação. • Planejamento de RH.
contabilidade	• Escrita contábil geral (livro-razão). • Relatórios financeiros. • Contabilidade de custos. • Contas a receber. • Contas a pagar. • Gerenciamento de caixa. • Elaboração orçamentária. • Gestão de tesouraria

Fonte: Kroenke (2012, p. 163).

Dessa forma, as empresas necessitam de sistemas de informações que suportem as seguintes condições: grande quantidade de entrada de dados; produzir grande quantidade de saída de dados; necessitam de um sistema de processamento eficiente, entradas e saídas de dados rápidas, alto grau de repetição de processamento; sistema computacional simples de ser utilizado; e grande capacidade de armazenamento de dados. Isso ajuda a empresa a fornecer serviços de forma mais rápida e mais eficiente. (Disponível em: https://www.ronaldoneres.com.br/sistemas-empresariais-basicos/.Acesso em: 12/02/2021).

3 - Como as empresas usam o sistema de informação a seu favor

Na visão de Laudon; Laudon (1999), todas as empresas possuem dois problemas fundamentais a serem resolvidos:

a) - Como gerenciar as forças e grupos internos que geram seus produtos e serviços.

b) - Como lidar com seus clientes, órgãos governamentais, concorrentes e tendências gerais socioeconômicas em seu ambiente.

Dada a necessidade da resolução destes, as empresas criam sistemas de informações para resolver problemas organizacionais e para reagir as mudanças que ocorrem no ambiente. Estes sistemas são criados para reagir aos concorrentes, aos clientes, aos fornecedores e às mudanças sociais e tecnológicas que ocorrem constantemente no mercado. A ocorrência de mudanças no mercado cria novos problemas organizacionais, levando à necessidade da utilização de novos sistemas.

Como o mercado está em constante movimento, novos sistemas podem ser criados para fazer frente a essas mudanças externas e, inclusive, ao surgimento de novas tecnologias. Mas também existem outros motivos para as empresas construírem sistemas de informação como, por exemplo: monitorar materiais, pessoas e atividades dentro da firma e para administrar seus problemas internos, tais como a produção de mercadorias e serviços ou o controle de peças, estoques e empregados (LAUDON; LAUDON, 1999).

Importante ter claro que alguns sistemas de informações precisam ser desenvolvidos para tratar de problemas internos, outros de problemas externos e, também, existem os que tratam tanto de problemas internos quanto de problemas externos. Dessa forma, temos que nenhum sistema sozinho consegue controlar todas as atividades de uma empresa.

Como as empresas apresentam diferentes níveis hierárquicos, elas também precisam de diferentes tipos de informação para resolver diferentes tipos de problemas. Na Figura abaixo é apresentada uma visão integrada do papel dos sistemas de informação dentro de uma empresa.

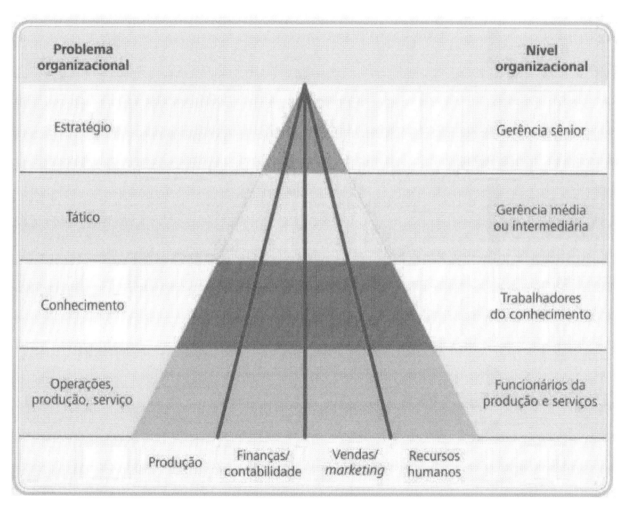

Fonte: CTISM adaptado de Laudon e Laudon (1999, p. 27).

Na figura acima, observamos que as empresas não possuem um único grande sistema de informações mas, sim, diferentes sistemas especializados, cada um cobrindo uma área funcional. Os sistemas desenvolvidos em nível estratégico darão suporte à gerência sênior no que consiste ao planejamento de ações em longo prazo.

Os sistemas desenvolvidos em nível tático servem para dar suporte aos gerentes de nível médio ou intermediário e na coordenação de atividades a serem realizadas diariamente na empresa. Os especialistas e os funcionários de escritório farão uso de sistemas de conhecimento com o objetivo de desenvolver novos produtos, realizar serviços e lidar com documentos. Os sistemas operacionais tratam das atividades diárias da empresa no que se refere à produção e serviços.

Cabe ressaltar aqui, que no nível descrito como "de conhecimento", na figura acima, estamos nos referindo a profissionais tais como: engenheiros, advogados, cientistas. Ou seja, são profissionais com conhecimentos específicos para resolver determinado problema dentro da empresa (WAKULICZ, 2016).

4 - Operadores logísticos

Durante esta seção, iremos tratar de um assunto bem pertinente ao nosso conteúdo estudado até agora, sim, os operadores logísticos.

São chamados de operadores logísticos, aquelas empresas que atuam com a terceirização de serviços logísticos. Normalmente, as outras pessoas acham que operador logístico é um cargo de um profissional, mas engana-se, não é. Operador logístico é uma modalidade que existe para atender o próprio mercado logístico.

Vamos supor, uma empresa de logística utiliza a frota locada de uma transportadora, ou seja, a empresa que está locando a sua frota para essa outra empresa, é um operador logístico. Fico mais fácil de entender?

Segunda a revista ITranporte (2020):

> Uma das principais motivações, se não a principal, da demanda por estes serviços, é a crescente competitividade de mercados. Na atualidade, a logística permeia várias das atividades do processo de venda e distribuição das companhias o que, naturalmente, impacta a lucratividade das empresas além da percepção de qualidade por parte dos clientes.
>
> Além disso, dada a necessidade de especialização na execução dos processos empresariais (gerenciais, produtivos e operacionais etc.), este tipo de terceirização surge como ponte capaz de conectar as organizações à eficiência global na condução de seus negócios.
>
> Por fim, sobretudo em empresas de menor porte onde as "restrições" financeiras muitas vezes existem, os operadores logísticos surgem como solução de menor custo e alta eficiência (custo x benefício), principalmente em alguns segmentos do processo, como, por exemplo, na locação de armazéns onde o investimento inicial é altíssimo.

Sendo assim, com a globalização e o aumento de consumo dentro do mercado, cada vez mais estão sendo procurados os serviços de operadores logísticos.

Os operadores logísticos suprem a demanda por serviços realmente úteis e necessários para diversas empresas, independentemente de segmento ou porte, além de serem especialistas na execução ou oferta de serviços.

Além disso, permitem que as empresas se concentrem na execução de demais atividades em outras áreas importantes do negócio, quer sejam de cunho administrativo, operacional, financeiro, dentre outras.

Como os operadores logísticos são empresas, ao contratá-los, há assinatura de contratos e análise de termos. Isso permite que haja previsibilidade de muitos dos custos logísticos, responsáveis pela segunda maior alocação de despesas nas organizações, ficando atrás, apenas, dos custos com pessoal (folha de pagamento).

Retomando a aula

Chegamos a nossa oitava e última aula, que pena! Desejo todo sucesso do mundo para vocês, mas antes disso, vamos relembrar!

1 - Conceitualização de sistemas.

Na seção 01, conceituamos os sistemas de informação.

2 - Sistemas empresariais básicos

Na seção 02, aprendemos sobre os sistemas empresariais e suas funções em uma organização.

3 - Como as empresas usam o sistema de informação a seu favor

Na seção 03, descobrimos como as empresas utilizam os sistemas de informação para ganhar vantagens competitivas.

4 - Operadores logísticos

Na seção 04, vimos a importância da terceirização de serviços logísticos dentro do mercado. O mercado de logística é amplo e, algumas vezes, para a organização conseguir operar, precisa terceirizar alguns serviços como: transporte, armazenagem e entre outros.

Vale a pena

Vale a pena ler,

STAIR, Ralph M; REYNOLDS, George W. *Princípios de Sistemas de Informação*: uma abordagem gerencial. 4 ed. Rio de Janeiro: LTC, 2002. p. 7; 16; 19; 240.

Vale a pena acessar,

Operadores logísticos. Disponível em: https://www.grupotpc.com/blog/operador-logistico/.

Minhas anotações

Referências

ARAÚJO, Jorge Siqueira. *Almoxarifados:* administração e organização. 8. ed. São Paulo: Atlas, 1986.

ARNOLD, T. J. R. *Administração de materiais.*São Paulo: Atlas, 1999.

BALLOU, R. H. *Logística empresarial:* transportes, administração de materiais e distribuição. São Paulo:Atlas, 1993.

BERTAGLIA, Paulo R. *Logística e gerenciamento da cadeia de abastecimento.* São Paulo: Saraiva, 2005.

BOSSONI, Cassio Augusto. *A gestão de estoquesno almoxarifado de uma empresa pública de transporterodoviário.* São Paulo, 2009. Fonte: http://fateczl.edu.br/TCC/2009-2/tcc-218.pdf. Acesso em: 12/02/2021.

BOWERSOX, D. J. & CLOSS, D. J. *Logística empresarial:* o processo de integração da cadeia desuprimentos. 1. ed. São Paulo: Atlas, 2004.

BUSSINGER, Vera. *Logística:* o que é e como aplicar. Disponível em: http://idelt.org. br/?p=216. Acesso em: 12/09/2014.

CARVALHO, José Mexia Crespo de. *Logística.3. ed.* Lisboa: Silabo, 2002.

CHRISTOPHER, M. *Logística e gerenciamento da cadeia de suprimentos.* São Paulo: Thomson Learning, 2005.

DIAS, M. A. P. *Administração de materiais.* Ed. Compacta. São Paulo: Atlas, 1995.

FERNANDES, Caroline Marques 2010. *Oproduto interno bruto e as despesas orçamentárias de Santa Catarina:* 1939 a 2003. São Paulo, 2010. Disponível em:http://fateczl.edu.br/TCC/2010-2/tcc-201.pdf. Acesso em: 12/02/2021.

GURGEL, Floriano do Amaral Paulino. *Administração de materiais e do patrimônio.* 2. ed. São Paulo: Pioneira, 2013.

LAUGENI, F. P. *Administração da produção.* São Paulo: Saraiva, 1999.

LIMA, Elisangela de Oliveira; SILVA, Elvis Magno; JUNIOR, Vladas Urbanavicius. *Logística Aplicada ao Abastecimento de uma Linha de Montagem.* Disponível em: http://www.aedb.br/seget/ artigos09/14_aprovado. Acesso em: 09/10/2020.

MARTINS, P. G. & ALT, P. R. *Administração de materiais e recursos patrimoniais.* 2. ed. São Paulo: Saraiva, 2006.

MENDEZ, Silmara Yurksaityte. *Just in Time.* Disponível em: http://monografias.brasilescola.com/administracao-financas/just-in-time.htm. Acesso: 22/10/2020.

PORTER, M. E. *Vantagem competitiva.* Rio de Janeiro: Campus, 1990.

POZO, H. *Administração de recursos materiais e patrimoniais:* uma abordagem logística. 4. ed. São Paulo: Atlas, 2007.

SENGE, P. *A quinta disciplina.* São Paulo: Best Seller, 1999.

SLACK, N. *Administração da produção.* São Paulo: Atlas, 1998.

Graduação a Distância 8º SEMESTRE

Engenharia de Produção

GERENCIAMENTO
DE PROJETOS

UNIGRAN - *Centro Universitário da Grande Dourados*

Rua Balbina de Matos, 2121 - CEP 79.824 - 9000
Jardim Universitário
Dourados - MS
Fone: (67) 3411-4141 / Fax: (67) 3411-4167

Apresentação da Docente

Profa. Ms. Maria Isabel Schierholt

Possui graduação em Economia pela Universidade Federal de Viçosa (UFV), é pós-graduada em Metodologia do Ensino Superior e Mestre em Agronegócios pela Universidade Federal da Grande Dourados (UFGD). Possui MBA em Controladoria e Contabilidade Gerencial, tendo trabalhado como gerente financeira em empresas da iniciativa privada. Atualmente, exerce o cargo de Coordenadora do curso de Ciências Econômicas da UNIGRAN EAD e é professora na área de estatística, matemática financeira, economia política e gestão de projetos.

SCHIERHOLT, Maria Isabel. Gerenciamento de Projetos. Dourados: UNIGRAN, 2021.

74 p.: 23 cm.

1. Gerenciamento. 2. Projetos.

Sumário

Conversa Inicial

Prezados(as) alunos(as),

Sejam bem-vindos(as) à disciplina de Gerenciamento de Projetos do curso de Engenharia de Produção.

Para que seu estudo se torne proveitoso e prazeroso, esta disciplina foi organizada em oito aulas, com temas e subtemas que, por sua vez, são subdivididos em seções (tópicos), atendendo aos objetivos do processo de ensino-aprendizagem. A disciplina é importante para a continuidade de sua formação e traz a possibilidade de especialização em Gestão de Projetos.

Este material tem como base principal o Guia PMBOK, que é um guia de conhecimento de gerenciamento de projetos que apresenta as melhores práticas aplicadas na maior parte do tempo, na maioria dos projetos, independentemente da natureza deste. O Guia PMBOK é uma publicação do Project Manangement Institute (PMI) e é atualizado de 4 em 4 anos. Todas as figuras e esquemas deste material são referentes ao PMBOK.

Na aula 1, vamos conhecer alguns conceitos introdutórios de Gerenciamento de projetos, como definição, importância da gestão de projetos para as organizações e diferença entre projetos, programas e portfólios. Nesta aula, também, veremos o que são os escritórios de gerenciamento de projetos e o conceito de ciclo de vida do projeto. Na segunda aula, vamos entender como é o ambiente em que os projetos operam e qual é o papel do gerente de projetos, além de explicar quais são as habilidades e as competências necessárias para um profissional exercer a função de gerente de projetos. Na aula 3, vamos iniciar o estudo das áreas de conhecimento, começando pelo gerenciamento da integração dos projetos. Na aula 4, continuaremos o estudo dessas áreas com foco no gerenciamento do escopo e do cronograma, verificando quais são as entradas, técnicas e ferramentas, e saídas de cada um desses processos. Na aula 5, procuraremos compreender o gerenciamento dos custos do projeto e entender os processos de estimar, determinar e controlar os custos. Na aula 06, iremos detalhar o gerenciamento da qualidade e dos recursos do projeto. Na aula 7, vamos estudar o gerenciamento das comunicações e dos riscos envolvidos no projeto. Na aula 08, terminaremos o estudo das 10 áreas, finalizando com o gerenciamento das aquisições e das partes interessadas do projeto.

Esperamos que, até o final da disciplina, vocês possam: ampliar a compreensão sobre a gestão de projetos e sua aplicabilidade; conhecer os conceitos fundamentais da Gestão de Projetos; compreender a importância do gestor de projetos no dia a dia de uma organização.

Tenho certeza de que, ao final do Curso, vocês conseguirão entender como a Gestão de Projetos pode ser um diferencial na sua qualificação profissional.

Vamos, então, à leitura das aulas?
Boa leitura!

Aula 1º

Conceitos introdutórios de gerenciamento de projetos

Prezados(as) estudantes:

Nesta aula, vamos entender o conceito de projeto e o valor do gerenciamento de projetos para as organizações. Todo esse material é baseado no Guia PMBOK, que é um guia de conhecimento de gerenciamento de projetos que apresenta as melhores práticas aplicadas na maior parte do tempo, na maioria dos projetos, independentemente da natureza deste. O Guia PMBOK é uma publicação do Project Manangement Institute (PMI) e é atualizado de 4 em 4 anos.

Ao final do guia, apresentaremos uma versão completa dos fluxos de processos do Guia PMBOK, elaborado pelo professor Ricardo Vargas. Disponível em: Fluxo de Processos do PMBOK® – Ricardo Viana Vargas (ricardo-vargas.com).

Vamos, primeiramente, ver quais são os objetivos e as seções de estudo que serão desenvolvidas nesta aula. Bom trabalho!

Bons estudos!

Objetivos de aprendizagem

Ao término desta aula, vocês serão capazes de:

- definir o conceito de projeto;
- entender a importância da gestão de projeto;
- diferenciar conceitos como projeto, programas e portfólios;
- identificar a função de um escritório de gerenciamento de projeto;
- reconhecer o ciclo de vida de um projeto.

Seções de estudo

1 - Definição de projeto

A gestão de projetos não é algo novo. Atualmente se ouve muito sobre Gerenciamento de Projetos nas Universidades e nas Organizações, mas esse tema não é recente e tem sido usado por centenas de anos.

Um exemplo do uso de gerenciamento de projetos foi a construção da Grande Muralha da China, ocorrida entre 220 e 206 a.C.

Fonte: https://www.ativo.com/experts/maratona-da-muralha-da-china/. Acesso em: 24/10/2020.

Mas, para continuarmos nossos estudos um conceito é fundamental: o conceito de PROJETO. Para Vargas (2019) "projeto é um empreendimento não repetitivo, caracterizado por uma sequência clara e lógica de eventos, com início, meio e fim, que se destina a atingir um objetivo claro e definido, sendo conduzido por pessoas dentro de parâmetros predefinidos de tempo, custo, recursos envolvidos e qualidade".

A definição mais utilizada é a do PMBOK (2017):

PROJETO é um esforço temporário empreendido para criar um produto, serviço ou resultado único.

Vamos destrinchar esse conceito.

O projeto tem natureza **temporária**, ou seja, isso indica que os projetos têm um início e um término definidos. Não necessariamente os projetos serão de curta duração e também não podemos dizer que o resultado do projeto será um resultado temporário. Pelo contrário: a maioria dos projetos são definidos para criação de um resultado duradouro. Portanto, dentro de um projeto o escopo tempo é importante e para a definição de um projeto há a necessidade de delimitar o início e o fim desse projeto.

Mas, quando o final do projeto é alcançado? De acordo com o Guia PMBOK (2017), o final do projeto é alcançado quando ocorrer um ou mais dos fatores a seguir:

- Os objetivos do projeto foram alcançados;
- Os objetivos não serão ou não poderão ser cumpridos;
- Os recursos estão esgotados ou não estão mais disponíveis para alocação ao projeto;
- A necessidade do projeto não existe mais (por exemplo, o cliente não quer mais o projeto concluído, uma mudança de estratégia ou prioridade encerram o projeto, o gerenciamento organizacional fornece uma instrução para terminar o projeto);
- Recursos humanos e físicos não estão mais disponíveis; ou
- O projeto é finalizado por motivo legal ou por conveniência.

O projeto é um **esforço**, ou seja, um projeto demanda uma série de recursos para o seu alcance. Para isso, há a necessidade de uma variedade de recursos: monetário, pessoal, físico, tempo, entre outros.

O projeto tem como resultado um **produto, serviço ou resultado único**: um produto único pode ser um componente de outro item, um aprimoramento ou correção de um item ou um novo item final (por exemplo, a correção de um defeito em um item final); um serviço único ou uma capacidade de realizar um serviço (por exemplo, uma função de negócios que dá suporte à produção ou distribuição); um resultado único, como um produto ou documento (por exemplo, um projeto de pesquisa que desenvolve o conhecimento que pode ser usado para determinar se uma tendência existe ou se um novo processo beneficiará a sociedade) e; uma combinação única de um ou mais produtos, serviços ou resultados (por exemplo, um aplicativo de software, a documentação associada e serviços de centrais de atendimento) (PMBOK, 2017).

Portanto, projetos são realizados para cumprir objetivos através da produção de entregas.

Objetivo: resultado almejado, posição estratégica a ser alcançada; propósito a ser atingido (seja produto, serviço ou resultado);
Entrega: qualquer produto, resultado ou capacidade único e verificável que deve ser produzido para concluir um processo, fase ou projeto. As entregas podem ser tangíveis ou intangíveis.

Portanto, os projetos possuem início e fim, são únicos, necessitam de práticas específicas, são elaborados progressivamente e são executados por pessoas. Resumindo:

Projeto	Uso dos recursos (esforço):
	Possui um objetivo;
	Temporário;
	Exclusivo;
	Progressivo;
	Feito por pessoas;
	Uso de práticas específicas;
	Restringido por recursos limitados;

Fonte: Elaboração própria.

Os projetos impulsionam mudanças nas organizações. A conclusão bem-sucedida de um projeto resulta na passagem da organização para um estado futuro e, consequentemente, na realização do seu objetivo específico. Além disso, os projetos criam valor de negócio, podendo seu benefício ser tangível, intangível ou ambos. O valor de negócio se refere ao benefício que os resultados de um projeto fornecem às partes interessadas, seja sob a forma de tempo, dinheiro, mercadoria, entre outros. Geralmente, o surgimento do projeto é a necessidade de respostas, ou seja, existem fatores que afetam as organizações e há a necessidade de agir diante desses fatores. Há quatro categorias fundamentais que ilustram o contexto de um projeto:

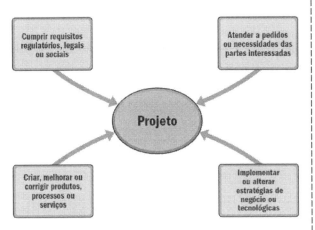

Contexto de iniciação do Projeto. Fonte: PMBOK, 2017.

2 - A importância da gestão de projetos

Em uma organização, vários projetos coexistem simultaneamente. Logo, é através do gerenciamento de projetos que essas organizações irão executar os projetos de forma eficaz e eficiente.

> Gerenciamento de Projeto: aplicação de conhecimento, habilidades, ferramentas e técnicas às atividades do projeto a fim de cumprir os seus requisitos (PMBOK, 2017).

Por meio do gerenciamento de projeto que as organizações irão cumprir as suas metas e seus objetivos, realizar suas entregas no momento certo, otimizar o uso dos seus recursos, identificar, recuperar e eliminar os projetos que apresentarem problemas, resolver problemas e falhas, satisfazer às expectativas de todas as partes interessadas e gerenciar melhor as mudanças dentro da organização. Atualmente, cada vez mais é necessário que os gestores otimizem os seus recursos para a criação de valor e benefícios para as organizações e é por meio do gerenciamento de projetos que os líderes organizacionais buscam acompanhar as mudanças para gerar valor de forma

mais consistente.

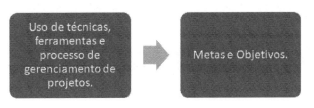

Um projeto pode ser gerenciado em três cenários distintos: como projeto autônomo (fora de um portfólio ou programa), dentro de um programa ou dentro de um portfólio. Portanto, o gerenciamento ORGANIZACIONAL de projetos é a estrutura da organização que vai utilizar o gerenciamento de projetos, de programas e de portfólios. E todos estarão alinhados para atingir a estratégia organizacional da empresa. Como já vimos o conceito de projeto, vamos entender o conceito de programa e de portfólio na próxima seção.

3 - Projetos, programas e portfólios

Agora que já definimos e entendemos o conceito de PROJETO, precisamos definir os conceitos de PROGRAMAS e de PORTFÓLIOS.

3.1 Portfólio

Um portfólio é definido como projetos, programas, portfólios subsidiários e operações gerenciados em grupo para alcançar objetivos estratégicos, ou seja, é uma coleção de projetos ou programas que são agrupados de forma a facilitar o gerenciamento efetivo para atender aos objetivos estratégicos empresariais.

Algumas organizações podem adotar o uso de um portfólio de projetos para efetivamente gerenciar vários programas e projetos em andamento, em um determinado momento. O gerenciamento de portfólios visa assegurar que os projetos e programas sejam analisados com o objetivo de priorizar a alocação de recursos. Esse gerenciamento deve ser consistente e estar alinhado com as estratégias organizacionais.

3.2) Programa

Um programa é definido como um grupo de projetos, programas subsidiários e atividades de programa relacionados, gerenciados de modo coordenado visando a obtenção de benefícios que não estariam disponíveis se eles fossem gerenciados individualmente (PMBOK, 2017). Portanto, um programa é um conjunto de múltiplos projetos coordenados que possuem ou não uma relação entre si. Esses projetos, quando inseridos no mesmo programa, se relacionam e acabam por obter uma sinergia e, quando geridos de forma coordenada, podem alcançar seus objetivos mais facilmente.

Assim, o gerenciamento de programas será a aplicação

de conhecimentos, habilidades, ferramentas e técnicas a um programa a fim de atender aos seus requisitos e obter benefícios e controle não disponíveis ao gerenciar projetos individualmente.

ATENÇÃO! O gerenciamento de programas e portfólios difere do gerenciamento de projetos em termos de ciclos de vida, atividades, objetivos, foco e benefícios. No entanto, portfólios, programas, projetos e operações muitas vezes envolvem-se com as mesmas partes interessadas e podem necessitar dos mesmos recursos, o que pode resultar em conflito na organização. Esse tipo de situação aumenta a necessidade de coordenação no seio da organização mediante o uso do gerenciamento de portfólios, programas e projetos, para alcançar um equilíbrio viável na organização (PMBOK, 2017).

A figura a seguir ilustra um exemplo de portfólio, indicando a sua relação com programas e projetos. Ao analisar um portfólio, a organização visualiza quais são os seus objetivos e permite a implementação e a coordenação adequada para tal. Essa governança coordenada vai permitir a alocação correta dos recursos humanos, financeiros e físicos com base no desempenho e benefícios esperados.

Fonte: PMBOK, 2017.

O guia PMBOK de 2017 fornece uma tabela comparativa de portfólio, programas e projetos:

	PROJETO	PROGRAMA	PORTFÓLIO
DEFINIÇÃO	Projeto é um esforço temporário empreendido para criar um produto, serviço ou resultado único.	Um programa é um grupo de projetos, programas subsidiários e atividades de programa relacionados, gerenciados de modo coordenado visando a obtenção de benefícios que não estariam disponíveis se eles fossem gerenciados individualmente.	Um portfólio é um conjunto de projetos, programas, portfólios subsidiários e operações gerenciados em grupo para alcançar objetivos estratégicos.
ESCOPO	Os projetos têm objetivos definidos. O escopo é elaborado progressivamente ao longo do ciclo de vida do projeto.	Os programas têm um escopo que abrange os escopos dos componentes do programa. Os programas produzem benefícios para uma organização ao garantir que as saídas e resultados dos componentes do programa sejam entregues de forma coordenada e complementar.	Os portfólios têm um escopo organizacional que muda com os objetivos estratégicos da organização.

MUDANÇA	Os gerentes de projetos esperam mudanças e implementam processos para manter a mudança gerenciada e controlada.	Os programas são gerenciados de uma forma que aceita as mudanças e se adapta a eles, conforme necessário, para otimizar a entrega de benefícios à medica que os componentes do programa entregam resultados e/ou saídas.	Os gerentes de portfólio monitoram continuamente as mudanças nos ambientes internos e externos mais abrangentes.
PLANEJAMENTO	Os gerentes do projeto elaboram progressivamente informações de alto nível em planos detalhados ao longo do ciclo de vida do projeto.	Os programas são gerenciados usando planos de alto nível que monitoram as interdependências e o progresso dos componentes do programa. Os planos de programa também são usados para orientar o planejamento em nível de componentes.	Os gerentes de portfólio criam e mantêm os processos necessários e a comunicação relativa ao portfólio agregado.
GERENCIAMENTO	Os gerentes do projeto gerenciam a equipe do projeto para cumprir os objetivos do projeto.	Os programas são gerenciados por gerentes de programa, que garantem que os benefícios do programa sejam entregues conforme esperado, coordenando as atividades dos componentes de um programa.	Os gerentes de portfólio podem administrar ou coordenar o pessoal de gerenciamento de portfólio, ou o pessoal do programa e do projeto que tenha responsabilidades de prestação de contas sobre o portfólio agregado.
MONITORAMENTO	Os gerentes do projeto monitoram e controlam o trabalho de produzir os produtos, serviços ou resultados que o projeto pretendia produzir.	Os gerentes do programa monitoram o progresso dos componentes do programa para que garantir as metas gerais, os cronogramas, o orçamento e os benefícios do programa serão cumpridos.	Os gerentes de portfólio monitoram mudanças estratégicas e agregam alocação de recursos, resultados de desempenho e risco do portfólio.
SUCESSO	O sucesso é medido por qualidade do projeto e do projeto, cumprimento de prazos, conformidade com o orçamento e grau de satisfação do cliente.	O sucesso de um programa é medido pela capacidade do programa de entregar seus benefícios esperados para uma organização, e pela eficiência e eficácia do programa para entregar esses benefícios.	O sucesso é medido em termos do desempenho do investimento agregado e da realização de benefício do portfólio.

Fonte: PMBOK, 2017.

4 - Escritório de gerenciamento de projetos

O Escritório de Gerenciamento de Projetos (EGP) ou *Project Management Office (PMO)* é a unidade dentro da organização que tem como atribuições atividades relacionadas ao gerenciamento centralizado e coordenado dos projetos. Essa estrutura organizacional irá padronizar os processos de governança relacionados com o projeto e facilitar o compartilhamento de recursos, metodologias, ferramentas e técnicas (PMBOK, 2017).

De acordo com o PMBOK (2017), os Escritórios de Gerenciamento de Projetos podem ser de diferentes tipos, variando com a sua função:

1. SUPORTE: Os EGPs de suporte fornecem um papel consultivo nos projetos, fornecendo modelos, práticas recomendadas, treinamento, acesso às informações e lições aprendidas em outros projetos. Esse tipo de EGP atua como repositório de projetos. O nível de controle fornecido pelo EGP é baixo.

2. CONTROLE: Os EGPs de controle fornecem suporte e exigem a conformidade por vários meios. O nível de controle exercido pelo EGP é médio. A conformidade pode envolver a adoção de estruturas ou metodologias de gerenciamento de projetos, o uso de ferramentas, formulários e modelos específicos e a conformidade com as estruturas de governança.

3. DIRETIVO: Os EGPs diretivos assumem o controle dos projetos pelo seu gerenciamento direto.

Gerentes de projetos são designados pelo EGP, e são subordinados a ele. O nível de controle fornecido pelo EGP é alto.

A principal função do EGP é dar suporte e apoio aos gerentes de projetos. Esse apoio pode ser de várias maneiras distintas, tais como (PMBOK, 2017):

• Gerenciamento de recursos compartilhados em todos os projetos administrados pelo PMO;

• Identificação e desenvolvimento de metodologia, melhores práticas e padrões de gerenciamento de projetos;

• Orientação, aconselhamento, treinamento e supervisão;

• Monitoramento da conformidade com os padrões, políticas, procedimentos e modelos de gerenciamento de projetos através de auditorias em projetos;

• Desenvolvimento e gerenciamento de políticas, procedimentos, modelos e outros documentos compartilhados do projeto (ativos de processos organizacionais); e

• Coordenação das comunicações entre projetos.

5 - Gerenciamento de projetos x gerenciamento de operações

O gerenciamento de projetos é diferente do gerenciamento de OPERAÇÕES. As operações são atividades repetitivas para apoiar os negócios das organizações.

OPERAÇÕES: esforços contínuos que geram saídas repetitivas, com recursos designados para realizar basicamente o mesmo conjunto de tarefas, de acordo com os padrões institucionalizados no ciclo de vida do produto.

As operações contínuas estão fora do escopo de um projeto, mas as mudanças nas operações organizacionais podem ser objeto de um projeto. Logo, os projetos podem cruzar com as operações em vários pontos durante o ciclo de vida do produto, como:

• No desenvolvimento de um novo produto, na atualização de um produto, ou na expansão das saídas;

• Na melhoria das operações ou no processo de desenvolvimento do produto;

• Ao final do ciclo de vida do produto; e

• Em cada fase de encerramento.

6 - Ciclo de vida do projeto

O ciclo de vida do projeto nada mais é do que a série de fases pelas quais o projeto passa, desde o início até o término do mesmo. Essas fases são sequenciais, podem ser desmembradas seguindo a natureza do próprio projeto e são definidas e moldadas respeitando os aspectos da organização, setor ou tecnologia empregada. Os projetos possuem um início e um fim, mas as fases existentes nesse intervalo variam de acordo com o projeto e devem ser flexíveis o suficiente para lidar com a variedade de fatores incluídos no projeto.

Logo, o ciclo de vida vai fornecer uma ESTRUTURA BÁSICA para o seu gerenciamento. A figura abaixo representa uma estrutura genérica de um ciclo de vida.

Ciclo de vida do projeto

Início do projeto | Organização e preparação | Execução do trabalho | Terminar o projeto

Grupos de processos

Processos de iniciação | Processos de planejamento | Processos de execução | Processos de monitoramento e controle | Processos de encerramento

10 Áreas de Conhecimento

CHAVE: ◇ Revisão de fase | Fase do projeto | ↑ Uso potencial | Linha de tempo

Fonte: PMBOK, 2017.

A fase de um projeto é um conjunto de atividades que estão relacionadas de maneira lógica e que resultará na conclusão de uma ou mais entregas. As fases podem ser sequenciais ou sobrepostas. A relação sequencial ocorre quando uma fase só poderá iniciar depois que a fase anterior for finalizada. Essa relação reduz as incertezas, mas pode eliminar opções de redução do cronograma geral. Já na relação sobreposta, uma fase tem início antes do término da anterior e neste caso exigem recursos adicionais para permitir que esta execução ocorra em paralelo (PMBOK, 2017).

Ao final de uma fase é realizada a REVISÃO DE FASE em que o desempenho e o progresso do projeto são comparados aos documentos de projeto e de negócio para que decisões como avançar ou não avançar de fase sejam tomadas. Essa revisão de fase também é conhecida como análise de fase, análise de estágio, pondo de corte, entrada ou saída de fase.

Em um ciclo de vida do PROJETO há fases que correspondem ao desenvolvimento do produto, serviço ou resultado. Essas fases são chamadas de ciclo de vida de DESENVOLVIMENTO. De acordo com o PMBOK (2017) o ciclo de vida de desenvolvimento pode ser:
- Preditivo: chamado também de ciclo de vida em cascata, o escopo, prazo e custo são determinados nas fases iniciais e as alterações no escopo são cuidadosamente gerenciadas;
- Iterativo: o escopo é determinado no início mas as estimativas de prazo e custo são modificadas a media que a equipe do projeto compreende melhor o produto;
- Incremental: a entrega é produzida por meio de uma série de iterações que sucessivamente adicionam funcionalidade em um prazo predeterminado;
- Adaptativos: são chamados de ágeis ou orientados a mudança e o seu escopo detalhado é definido e aprovado antes do início da iteração;
- Híbrido: é a combinação do ciclo de vida adaptativo e preditivo. Os elementos conhecidos seguem o desenvolvimento preditivo e os que ainda não foram totalmente definidos seguem o adaptativo.

A execução de uma série de atividades de gerenciamento de projeto são os processos de gerenciamento de projetos. Cada processo produz uma ou mais saídas de uma ou mais entradas. O agrupamento lógico desses processos para atingir objetivos específicos é denominado GRUPO DE PROCESSOS DE GERENCIAMENTO e podem ser de 5 diferentes tipos (PMBOK, 2017):

1. Grupo de processo de Iniciação: os processos executados para definir **um novo projeto** ou uma nova fase de um projeto existente através da obtenção de autorização para iniciar o projeto ou fase.

2. Grupo de processos de Planejamento: os processos necessários para definir o **escopo** do projeto, refinar os objetivos e definir a linha de ação necessária para alcançar os objetivos para os quais o projeto foi criado;

3. Grupo de processos de Execução: os processos realizados para **executar** o trabalho definido no plano de gerenciamento do projeto para satisfazer as especificações do projeto;

4. Grupo de processos de Monitoramento e Controle: os processos exigidos para **acompanhar, analisar e controlar** o progresso e desempenho do projeto, identificar quaisquer áreas nas quais serão necessárias mudanças no plano, e iniciar as mudanças correspondentes.

5. Grupo de processos de Encerramento: os processos executados para **finalizar, concluir ou fechar** todas as atividades de todos os grupos de processos, visando encerrar formalmente o projeto ou fase;

Além de grupo de Processos, os processos também são categorizados por áreas de conhecimento, ou seja, uma área identificada de gerenciamento de projetos definida por seus requisitos de conhecimento e descrita em termos dos processos que a compõem: práticas, entradas, saídas, ferramentas e técnicas (PMBOK, 2017). São 10 diferentes áreas:

1. Gerenciamento de Integração do projeto;
2. Gerenciamento do Escopo do projeto;
3. Gerenciamento do Cronograma do Projeto;
4. Gerenciamento dos Custos do Projeto;
5. Gerenciamento da Qualidade do Projeto;
6. Gerenciamento dos Recursos do Projeto;
7. Gerenciamento das Comunicações do Projeto;
8. Gerenciamento dos Riscos do Projeto;
9. Gerenciamento das Aquisições do Projeto;
10. Gerenciamento das Partes Interessadas do Projeto;

Áreas de conhecimento	Grupo de Processos de Gerenciamento de Projetos				
	Grupo de Processos de Iniciação	Grupo de Processos de Planejamento	Grupo de Processos de Execução	Grupo de Processos de Monitoramento e Controle	Grupo de Processos de Encerramento
Gerenciamento de Integração do projeto;	Desenvolver o termo de Abertura do Projeto	Desenvolver o Plano de Gerenciamento do Projeto;	Orientar e Gerenciar o Trabalho do Projeto; Gerenciar o Conhecimento do Projeto	Monitorar e Controlar o Trabalho do Projeto; Realizar o Controle Integrado de Mudanças	Encerrar o Projeto ou Fase;
Gerenciamento do Escopo do projeto;		Planejar o Gerenciamento do Escopo; Coletar os Requisitos; Definir o Escopo; Criar a EAP		Validar o Escopo; Controlar o Escopo;	

Gerenciamento do Cronograma do Projeto;		Planejar o Gerenciamento do Cronograma; Definir as Atividades; Sequenciar as Atividades; Estimar as Durações das Atividades; Desenvolver o Cronograma		Controlar o Cronograma;	
Gerenciamento dos Custos do Projeto;		Planejar o Gerenciamento dos Custos; Estimar os Custos; Determinar o Orçamento		Controlar os Custos;	
Gerenciamento da Qualidade do Projeto;		Planejar a Qualidade do Projeto	Gerenciar a Qualidade	Controlar a Qualidade	
Gerenciamento dos Recursos do Projeto;		Planejar o Gerenciamento dos Recursos; Estimar os Recursos das Atividades;	Adquirir Recursos; Desenvolver a Equipe; Gerenciar a Equipe;	Controlar os Recursos;	
Gerenciamento das Comunicações do Projeto;		Planejar o Gerenciamento das Comunicações;	Gerenciar as Comunicações;	Monitorar as Comunicações;	
Gerenciamento dos Riscos do Projeto;		Planejar o Gerenciamento dos Riscos; Identificar os Riscos; Realizar a Análise Qualitativa dos Riscos; Realizar a Análise Quantitativa dos Riscos; Planejas as Respostas aos Riscos;	Implementar as Respostas aos Riscos;	Monitorar os Riscos;	
Gerenciamento das Aquisições do Projeto;		Planejar o Gerenciamento das Aquisições;	Conduzir as Aquisições;	Controlar as Aquisições;	
Gerenciamento das Partes Interessadas do Projeto;	Identificar as Partes Interessadas;	Planejar o Engajamento das Partes Interessadas;	Gerenciar o Engajamento das Partes Interessadas;	Monitorar o Engajamento das Partes Interessadas;	

Fonte: PMBOK, 2017.

CONCEITOS – chave DO PMBOK
• Ciclo de Vida do Projeto: série de etapas que um projeto passa, do início até o término;
• Fases do Projeto: Série de fases que um projeto passa, do início até o término;
• Revisão da fase: Análise no final de uma fase em que uma decisão é tomada em relação a passar para a fase seguinte ou iniciar uma nova fase, continuar com modificações ou finalizar um programa do projeto;
• Processos de Gerenciamento de Projetos: série de atividades sistemáticas direcionadas para alcançar um resultado final, de forma que se aja em relação a uma ou mais entradas a fim de criar uma ou mais saídas;
• Grupos de Processos de Gerenciamento de Projetos: área de conhecimento de gerenciamento de projetos definida pelos seus requisitos e descrita em termos dos processos que a compõem:

práticas, entradas, saídas, ferramentas e técnicas.

Retomando a aula

Ao final desta primeira aula, vamos recordar sobre o que aprendemos até aqui.

1 - Definição de Projeto

Nesta seção, vimos que projeto é um esforço temporário empreendido para criar um produto, serviço ou resultado único.

2 - A importância da Gestão de Projetos

Na seção 2, estudamos a importância da gestão de projeto, e, vimos que o gerenciamento de Projeto é a aplicação de conhecimento, habilidades, ferramentas e técnicas às atividades do projeto a fim de cumprir os seus requisitos.

3 - Projetos, Programas e Portfólios

Na seção 3, aprendemos a diferença de projetos, programas e portfólios, tanto na definição, quanto no escopo, planejamento, gerenciamento, entre outros.

4 - Escritório de Gerenciamento de Projetos

Na seção 4, vimos que o escritório de projetos é a unidade dentro da organização que tem como atribuições atividades relacionadas ao gerenciamento centralizado e coordenado dos projetos.

5 - Gerenciamento de Projetos x Gerenciamento de Operações

Na seção 5, estudamos a diferença entre o gerenciamento de projetos e o gerenciamento de operações. Vimos, ainda, que operações são esforços contínuos que geram saídas repetitivas, com recursos designados para realizar basicamente o mesmo conjunto de tarefas, de acordo com os padrões institucionalizados no ciclo de vida do produto.

6 - Ciclo de Vida do Projeto

Na seção 6, vimos que ciclo de vida do projeto nada mais é do que a série de fases pelas quais o projeto passa, desde o início até o término.

Vale a pena

ʹVale a pena **ler,**

KERZNER, Harold. *Gestão de projetos*: as melhores práticas. 3. ed. Porto Alegre: Bookman, 2017.

MENEZES, Luís César de Moura. *Gestão de projetos*. 4. ed. São Paulo: Atlas, 2018.

PMI. Um guia de conhecimento em gerenciamento de projetos. *Guia PMBOK* 6º. ed. - EUA: Project Management Institute, 2017.

CARVALHO, Marly Monteiro de; RABECHINI JR., Roque. *Fundamentos em gestão de projetos:* construindo competências para gerenciar projetos. 4. ed. São Paulo: Atlas, 2017.

CLEMENTS, James P.; GIDO, Jack. *Gestão de projetos*. São Paulo: Cengage Learning, 2017.

KEELLING, Ralph; MOREIRA, Cid Knipel. *Gestão de projetos*: uma abordagem global. São Paulo: Saraiva, 2002.

OLIVEIRA, Guilherme Bueno de. *MS project & gestão de projetos*. São Paulo: Pearson Makron Books, 2005.

VALERIANO, Dalton L. *Gerência em projetos*: pesquisa, desenvolvimento e engenharia. São Paulo: Makron Books do Brasil, 2014.

ʹVale a pena **assistir,**

Carreira em Gestão de Projetos – Por onde começar? Disponível em: https://www.youtube.com/watch?v=GU6ME1_BHG8. Acesso em: 05/02/2021.

O Gerenciamento de Projetos Aplicado à vida. Disponível em: https://www.youtube.com/watch?v=7na7QNMWbXg. Acesso em: 05/02/2021.

PMI: O que é um Projeto? Disponível em: https://www.youtube.com/watch?v=PsIOcEviC78. Acesso em: 05/02/2021.

Minhas anotações

_____

_____

_____

_____

_____

_____

_____

_____

_____

_____

_____

_____

_____

_____

_____

_____

_____

Minhas anotações

Aula 2º

O ambiente em que os projetos operam e o papel do gerente de projetos

Prezados(as) estudantes:

Nesta aula, vamos entender o ambiente em que os projetos operam e o papel do gerente de projetos. Todo esse material é baseado no Guia PMBOK, um guia de conhecimento de gerenciamento de projetos que apresenta as melhores práticas aplicadas na maior parte do tempo, na maioria dos projetos, independentemente da natureza deste. O Guia PMBOK é uma publicação do Project Manangement Institute (PMI) e é atualizado de 4 em 4 anos.

Ao final do guia, apresentaremos uma versão completa dos fluxos de processos do Guia PMBOK elaborado pelo professor Ricardo Vargas, disponível em: Fluxo de Processos do PMBOK® – Ricardo Viana Vargas (ricardo-vargas.com).

Vamos, primeiramente, ver quais são os objetivos e as seções de estudo que serão desenvolvidas nesta aula. Bom trabalho!

———— Bons estudos!

Objetivos de aprendizagem

Ao término desta aula, vocês serão capazes de:

- entender o ambiente em que os projetos operam;
- conhecer as estruturas organizacionais;
- ter uma visão geral e definição de gerente de projetos;
- identificar as competências e as habilidades do gerente de projetos.

Seções de estudo

1 - O ambiente em que os projetos operam
2 - Estruturas organizacionais
3 - Visão geral e definição de gerente de projetos

4 - Competências e habilidades do gerente de projetos

1 - O ambiente em que os projetos operam

Os projetos não operam em um ambiente isolado, mas sim em um ambiente corporativo. Assim, os projetos influenciam esse ambiente, ao mesmo tempo em que é muito influenciado por ele, podendo ter impacto favorável ou desfavorável sobre o projeto.

O PMBOK (2017) divide essas influências em duas categorias distintas: fatores ambientais da empresa (FAEs) e os ativos de processos organizacionais (APOs). Enquanto os FAEs são fatores do ambiente externo do projeto (e muitas vezes externos à empresa), os APOs são aqueles internos à organização.

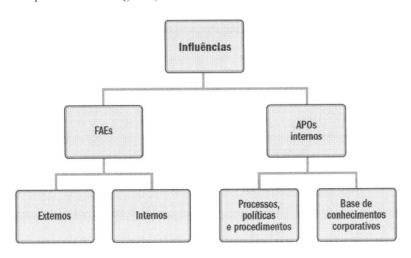

Fonte: PMBOK, 2017.

1.1 Fatores Ambientais da Empresa (FAEs)

Como vimos, os FAEs são fatores externos ao projeto e muitas vezes à própria empresa. Dito isso, esses fatores são aqueles que a equipe do projeto não consegue controlar, mas que mesmo assim podem influenciar, restringir ou direcionar o projeto. Em muitos processos de gerenciamento de projetos, esses fatores são considerados entradas, principalmente para os processos de planejamento.

Conforme foi dito, alguns FAEs são externos ao ambiente do projeto, mas internos à organização, enquanto outros são externos à própria organização. Abaixo temos alguns exemplos. Vejam:

Fatores Internos à Organização	Fatores Externos à Organização
• Cultura	• Condições de mercado
• Distribuição Geográfica de instalações e recursos	• Influências e questões sociais e culturais
• Infraestrutura	• Restrições Legais
• Software e Tecnologia de Informação	• Banco de dados comerciais
• Disponibilidade de recursos	• Padrões Governamentais e/ou setoriais
• Capacidade dos funcionários	• Considerações financeiras e macroeconômicas

Fonte: PMBOK, 2017.

1.2 Ativos de Processos Organizacionais (APOs)

Os Ativos de Processos Organizacionais são os planos, processos, políticas, procedimentos e bases de conhecimento da organização e por ela usados. Esses ativos são internos à organização, influenciam o gerenciamento de projeto e podem ser atualizados e acrescentados, conforme o necessário, durante todo o andamento, pelos membros da equipe do projeto.

O PMBOK (2017) divide esses ativos em duas categorias: Processos, políticas e procedimentos e Bases de conhecimento organizacionais. Os primeiros ativos, geralmente, não são atualizados como parte do trabalho do projeto podendo ser atualizados somente segundo as políticas organizacionais apropriadas, associadas com a atualização de processos, políticas ou procedimentos. Os ativos da segunda categoria são atualizados ao longo do projeto, com informações sobre ele.

Processos, Políticas e Procedimentos	Execução, Monitoramento e Controle:	Encerramento
• Iniciação do Projeto • Diretrizes e critérios para adaptação do conjunto de processos e procedimentos padrão da organização a fim de atender às necessidades específicas do projeto; • Padrões organizacionais específicos, como políticas (por exemplo, políticas de recursos humanos, de saúde e segurança, de segurança e confidencialidade, de qualidade, de aquisição e ambientais); • Ciclos de vida de produtos e projetos, métodos e procedimentos (por exemplo, métodos de gerenciamento de projetos, métricas de estimativas, auditorias de processos, metas de melhorias, listas de verificação e definições padronizadas de processos para uso na organização); • Modelos (por exemplo, planos de gerenciamento do projeto, documentos de projeto, registros de projeto, formatos de relatórios, modelos de contrato, categorias de riscos, modelos de declaração de riscos, probabilidade e definições de impactos, probabilidade e matrizes de impacto e modelos de registro das partes interessadas); e • Listas de fornecedores pré-aprovados e vários tipos de acordos contratuais (por exemplo, contratos de preço fixo, de custo reembolsável e por tempo e material	• Procedimentos de controle de mudanças, inclusive os passos para modificação dos padrões, políticas, planos e procedimentos da organização, ou de quaisquer documentos do projeto, e o modo como eventuais mudanças serão aprovadas e validadas; • Matrizes de rastreabilidade; • Procedimentos de controle financeiro (por exemplo, relatório de horas, análises obrigatórias de gastos e despesas, códigos contábeis e cláusulas contratuais padrão); • Procedimentos de gerenciamento de problemas e defeitos (por exemplo, definição de controles de defeitos e problemas, identificação e solução de problemas e defeitos e acompanhamento dos itens de ação); • Controle de disponibilidade e gerenciamento de atribuição de recursos; • Requisitos de comunicação da organização (por exemplo, tecnologia de comunicações específica disponível, mídia de comunicação autorizada, políticas de retenção de registros, videoconferência, ferramentas colaborativas e requisitos de proteção); • Procedimentos para priorização, aprovação e emissão de autorizações de trabalho; • Modelos (por exemplo, registro dos riscos, registro das questões e registro das mudanças); • Diretrizes padronizadas, instruções de trabalho, critérios de avaliação de propostas e critérios de medição de desempenho; e • Procedimentos de verificação e validação de produto, serviço ou resultado.	• Diretrizes ou requisitos de encerramento do projeto (por exemplo, auditorias finais do projeto, avaliações do projeto, aceitação de entregas, encerramento de contratos, reatribuição de recursos e transferência de conhecimentos para a produção e/ou operações).

Fonte: PMBOK, 2017.

2 - Estruturas organizacionais

Já vimos como os fatores ambientais da empresa, os ativos de processos organizacionais, podem influenciar os projetos. Agora, vamos ver como os sistemas organizacionais também desempenham um papel significativo no ciclo de vida do projeto.

A ESTRUTURA ORGANIZACIONAL é um fator ambiental da empresa que pode afetar a disponibilidade dos recursos e influenciar a forma como os projetos são conduzidos. As estruturas organizacionais variam de funcionais a projetizadas, com uma variedade de estruturas matriciais entre elas.

O quadro a seguir compara os vários tipos de estrutura organizacional e a sua influência nos projetos.

Tipos de estrutura organizacional	Características do projeto					
	Grupos de trabalho organizados por	Autoridade do gerente do projeto	Papel do gerente do projeto	Disponibilidade de recursos	Quem gerencia o orçamento do projeto?	Pessoal administrativo de gerenciamento de projetos
Orgânico ou simples	Flexível; pessoas trabalhando lado a lado	Pouca ou nenhuma	Em tempo parcial; pode ou não ser um papel designado, como coordenador	Pouca ou nenhuma	Proprietário ou operador	Pouco ou nenhum
Funcional (centralizado)	Trabalho realizado (ex.: engenharia, fabricação)	Pouca ou nenhuma	Em tempo parcial; pode ou não ser um papel designado, como coordenador	Pouca ou nenhuma	Gerente funcional	Em tempo parcial
Multidivisional (pode replicar funções para cada divisão com pouca centralização)	Um de: produto; processos de produção; portfólio; programa; região geográfica; tipo de cliente	Pouca ou nenhuma	Em tempo parcial; pode ou não ser um papel designado, como coordenador	Pouca ou nenhuma	Gerente funcional	Em tempo parcial
Matriz – forte	Por função, com gerente do projeto como uma função	Moderada a alta	Função designada em tempo integral	Moderada a alta	Gerente do projeto	Full-time
Matrix – fraca	Função	Baixa	Em tempo parcial; feito como parte de outro trabalho e não uma função designada, como coordenador	Baixa	Gerente funcional	Em tempo parcial
Matriz – equilibrada	Função	Baixa a moderada	Em tempo parcial; incorporado nas funções como uma habilidade e pode não ser um papel designado, como coordenador	Baixa a moderada	Misto	Em tempo parcial
Orientado a projetos (composto, híbrido)	Projeto	Alta a quase total	Função designada em tempo integral	Alta a quase total	Gerente do projeto	Em tempo integral
Virtual	Estrutura de rede com nós nos pontos de contato com outras pessoas	Baixa a moderada	Em tempo integral ou parcial	Baixa a moderada	Misto	Poderia ser em tempo integral ou parcial
Híbrido	Mix de outros tipos	Mista	Misto	Mista	Misto	Misto
EGP*	Mix de outros tipos	Alta a quase total	Função designada em tempo integral	Alta a quase total	Gerente do projeto	Em tempo integral

Fonte: PMBOK, 2017.

A **estrutura organizacional funcional** é caracterizada por uma hierarquia em que cada funcionário possui um superior bem definido. No nível superior, os funcionários são agrupados por especialidade, como produção, marketing, engenharia e contabilidade. As especialidades podem ainda ser subdivididas em unidades funcionais especializadas, tais como engenharia mecânica e elétrica. Cada departamento, em uma organização funcional, fará o seu trabalho do projeto de modo independente dos outros departamentos (PMBOK, 2017).

A **organização projetizada** atua com os membros da equipe frequentemente trabalhando juntos. A maior parte dos recursos da organização está envolvida no trabalho do projeto, e os gerentes de projetos possuem muita independência e autoridade. Técnicas de colaboração virtual são muitas vezes usadas para atingir os benefícios das equipes trabalhando no mesmo projeto.

Organização Matricial possui características comuns à organização funcional e à organização projetizada. Elas podem ser classificadas como fracas, fortes ou equilibradas. Essa classificação varia conforme o nível relativo de poder e influência entre os gerentes funcionais e os gerentes de projetos.

As **organizações orgânicas** são aquelas necessárias para atuar em ambientes que possuem problemas complexos que não podem ser resolvidos por pessoas com especialidades tradicionais. Aqui a importância não está na especialização, mas sim na natureza cooperativa do conhecimento, já que ocorre uma contínua redefinição das tarefas.

Por fim, a **organização multidivisional** compreende um conjunto de divisões autônomas (cada uma representando um centro ou um negócio separado) coordenadas por um escritório central, o qual tem a assistência de um apoio corporativo que fornece informações sobre o ambiente interno e externo. A estrutura multidivisional organiza-se por linhas de produto, unidades de negócios relacionados, geografia ou tipo de cliente.

3 - Visão geral e definição de gerente de projetos

Nem sempre o gerente de projetos vai se envolver em um projeto do início ao fim. Isso pode acontecer, mas pode ser também que o gerente de projetos se evolva apenas nas atividades de avaliação e de análise antes da iniciação do projeto ou ele pode estar presente nas atividades de acompanhamento relacionadas à realização dos benefícios dos negócios resultantes do projeto. Portanto, o papel do gerente de projetos vai variar de acordo com a organização em que ele atua, ao mesmo tempo em que sua função também vai se adaptar a essa organização.

Logo, cada organização vai definir como será a atuação do seu gerente de projetos, de acordo com os seus objetivos, sua formação, sua função e a cultura da empresa. O gerente de projetos pode também ser chamado de líder de projetos, diretor de projetos, coordenador de projetos, entre outros.

Como já vimos a diferença entre projeto e operações, já podemos supor que o papel do gerente de projetos é diferente do papel do gerente de operação, já que, enquanto o gerente de operações é responsável por assegurar a eficiência das operações do negócio, o gerente de projetos é aquela pessoa designada pela organização para liderar a equipe responsável por alcançar os objetivos do projeto.

Mas, quem é o gerente de projetos?

> O gerente de projetos é a pessoa alocada pela organização executora para liderar a equipe responsável por alcançar os objetivos do projeto. Isso quer dizer que, os gerentes de projetos são responsáveis pelo atendimento de necessidades: de tarefas, necessidades de equipe, e necessidades individuais. O gerente de projetos será o elo entre a estratégia e a equipe (PMBOK, 2017).

O gerente de projeto desempenha diversas funções e se relaciona de forma dinâmica com diversas esferas dentro da organização.

Dentro de uma organização, sabemos que os recursos são limitados. Logo, o gerente de projetos vai trabalhar para equilibrar as restrições de acordo com esses recursos que estão disponíveis e com essa limitação ele vai LIDERAR a equipe de projetos para atender aos objetivos e às expectativas das partes interessadas.

O gerente de projetos também é o elo entre os patrocinadores, membros da equipe e outras partes interessadas. É ele quem vai apresentar as diretrizes e a visão para o sucesso do projeto. Para isso, ele lança mão de diferentes habilidades comportamentais que serão necessárias para que sejam consistentes e efetivos.

> Partes interessadas: pode ser um indivíduo, grupo ou organização que pode afetar, ser afetada ou sentir-se afetada por uma decisão, atividade ou resultado do projeto. Podem estar diretamente envolvidas ou não no projeto, podendo ter expectativas diferentes criando assim certos conflitos (PMBOK, 2017).

O gerente de projetos também interage de modo proativo com outros gerentes de projetos. Esses projetos podem se envolver e influenciar um ao outro devido à demanda pelos mesmos recursos, prioridades de financiamento, alinhamento de metas e objetivos de cada projeto com os da organização. Logo, a interação com outros gerentes de projetos ajuda a criar uma influência positiva no atendimento das várias necessidades do projeto. Essas necessidades podem estar na forma de recursos humanos, técnicos ou financeiros e as entregas exigidas pela equipe para a conclusão do projeto. O gerente de projetos procura meios de desenvolver relacionamentos que auxiliem a equipe a atingir as metas e objetivos.

Além disso, é importante que o gerente de projeto esteja alinhado e informado sobre as tendências do setor, uma vez que, através de informações e relatórios, ele pode analisar como estas afetam ou aplicam-se aos projetos atuais. Essas tendências podem ser um desenvolvimento de novos produtos e tecnologias, ferramentas de suporte técnico, melhorias de processos e estratégias de sustentabilidade ou forças econômicas que afetam o projeto em curso.

Na profissão de gerenciamento de projetos é constante a transferência de conhecimentos e a constante integração, incluindo a transmissão de conhecimento e expertise a terceiros da profissão nos níveis local, nacional e global (por exemplo, comunidades de prática, organizações internacionais); a participação no treinamento, educação contínua e desenvolvimento tanto na profissão de gerenciamento de projetos (por exemplo, universidades, PMI), quanto em uma profissão relacionada (por exemplo, engenharia de sistemas, gerenciamento de configuração) e em outras profissões (por exemplo, tecnologia da informação, aeroespacial) (PMBOK, 2017).

Além disso, o profissional também atua em outras disciplinas, ao orientar e treinar outros profissionais sobre a abordagem por gerenciamento de projetos para a organização. Ele será uma espécie de educador, orientando a organização sobre as vantagens do gerenciamento de projetos quanto à pontualidade, qualidade, inovação e gerenciamento de recursos.

4 - Competências e habilidades do gerente de projetos

Algumas competências do gerente de projetos são fundamentais para um gerenciamento de projetos eficaz, são elas:

- Conhecimento: o que o gerente de projetos sabe

sobre gerenciamento de projetos.

• Desempenho: o que o gerente de projetos é capaz de fazer ou realizar quando aplica seu conhecimento em gerenciamento de projetos.

• Pessoal: o comportamento do gerente de projetos na execução do projeto ou atividade relacionada. A efetividade pessoal abrange atitudes, principais características de personalidade e liderança.

Essas competências, aliadas às habilidades interpessoais, podem fazer diferença na carreira de um gerente de projetos. O *Project Management Institut (PMI)* relacionou as principais habilidades de um gestor de projetos para que tenham sucesso em um mercado global cada vez mais competitivo. Essas habilidades estão destacadas em Triângulo de Talentos. Vejam:

O Triângulo de Talentos do PMI®

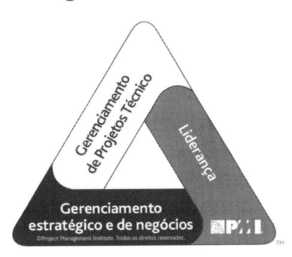

Fonte: PMBOK, 2017.

O Triangulo se concentra em três conjuntos de habilidades que são chaves para o sucesso de um gerente de projetos:

1. Gerenciamento de Projetos Técnico. Conhecimento, habilidades e comportamentos relativos a domínios específicos de gerenciamento de projetos, programas e portfólios. Os aspectos técnicos da execução da sua função.

2. Liderança. Conhecimento, habilidades e comportamentos necessários para orientar, motivar e dirigir uma equipe, para ajudar a organização a atingir suas metas de negócio.

3. Gerenciamento estratégico e de negócios. Conhecimento e *expertise* no setor e na organização, de forma a melhorar o desempenho e fornecer melhor os resultados do negócio.

4.1 Habilidades de Gerenciamento de Projeto Técnico

As habilidades de gerenciamento de Projeto Técnico são aquelas habilidades necessárias para aplicar efetivamente o conhecimento em gerenciamento de projetos para fornecer os resultados desejados de programas ou projetos. Dentro das habilidades de Gerenciamento Técnico, destacam-se a

capacidade para (PMBOK, 2017):

• Concentrar-se nos elementos críticos de gerenciamento de projetos técnico para cada projeto que eles gerenciam. Esse enfoque é tão simples quanto ter os artefatos certos, prontamente disponíveis. Nos primeiros lugares da lista estão os seguintes:

  o Fatores essenciais para o sucesso do projeto;
  o Cronograma;
  o Relatórios financeiros selecionados; e
  o Registro das questões.

• A adaptação de ferramentas, técnicas e métodos tradicionais e ágeis para cada projeto.

• Destinar um tempo para planejar com atenção e estabelecer prioridades diligentemente.

• Gerenciar os elementos do projeto, incluindo, mas não limitando a cronograma, custos, recursos e riscos.

4.2 Habilidades de Gerenciamento Estratégico e de Negócios

As habilidades de gerenciamento de projeto técnico são aquelas necessárias para que o gerente de projeto possa identificar a visão geral de alto nível da organização e implementar decisões e ações que apoiam o alinhamento e planejamento estratégico e a inovação. Aqui se faz necessário o conhecimento de outras funções, tais como marketing, finanças e operações. Para essa habilidade será necessário que o gerente de projetos tenha a capacidade de penetração e sagacidade para compreender o negócio da organização. Esse conhecimento amplo dos negócios da instituição é necessário para que o gerente de projetos possa (PMBOK, 2017):

• Explicar aos outros os aspectos de negócio essenciais de um projeto;

• Trabalhar com o patrocinador, a equipe e o pessoal com conhecimento especializado no assunto do projeto para desenvolver uma estratégia apropriada para entregar o projeto; e

• Implementar essa estratégia de modo a maximizar o valor de negócio do projeto.

Segundo o PMBOK (2017), o gerente de projetos deve conhecer o suficiente para explicar a outras pessoas os seguintes aspectos da organização:

• Estratégia;
• Missão;
• Metas e objetivos;
• Produtos e serviços;
• Operações (por exemplo, localização, tipo, tecnologia);
• O mercado e as condições do mercado como clientes, estado do mercado (ou seja, em crescimento ou não) e os fatores do tempo a mercado, etc.; e
• A concorrência (por exemplo, o que, quem, posição no mercado).

Segundo o PMBOK (2017), as habilidades estratégicas e de negócios ajudam o gerente de projetos a determinar quais fatores de negócio devem ser considerados para o seu projeto. O gerente de projetos determina como esses fatores estratégicos e de negócios podem afetar o projeto e também compreender a inter-relação entre o projeto e a organização.

Esses fatores incluem, mas não estão limitados a:

- Riscos e problemas;
- Implicações financeiras;
- Análise de custos vs. benefícios (por exemplo, valor presente líquido, retorno sobre o investimento), incluindo as várias opções consideradas;
- Valor de negócio;
- Expectativas e estratégias para a realização de benefícios; e
- Escopo, orçamento, cronograma e qualidade.

Aplicando esse conhecimento de negócios, o gerente de projetos terá a capacidade para tomar as decisões e recomendações apropriadas para o projeto. Quando as condições mudarem, o gerente de projetos deve trabalhar constantemente com o patrocinador para manter as estratégias de negócios e do projeto alinhadas.

4.3 Habilidades de Liderança

Quando um gerente de projetos possui a capacidade de orientar, motivar e dirigir uma equipe, falamos que ele é um líder. As habilidades de um líder podem incluir a demonstração de capacidades essenciais como negociação, resiliência, comunicação, resolução de problemas, pensamento crítico e habilidades interpessoais.

Os projetos são complexos e não envolvem apenas número, modelos, tabelas ou gráficos. Os projetos são feitos por PESSOAS, e é fundamental que um gerente de projetos seja hábil para lidar com as mais diferentes personalidades.

Logo, uma grande parte do papel do gerente de projetos envolve lidar com pessoas. O gerente de projetos deve estudar os comportamentos e as motivações das pessoas. O gerente de projetos deve se esforçar para ser um bom líder, porque a liderança é crucial para o sucesso dos projetos nas organizações. O gerente de projetos aplica suas habilidades e qualidades de liderança trabalhando com todas as partes interessadas, incluindo a equipe do projeto, a equipe da diretoria e os patrocinadores do projeto.

Mas, quais são as qualidades e as habilidades de um líder?

Para o PMBOK (2017), as qualidades de habilidades de um líder incluem, dentre outras:

- Ser um visionário (ou seja, ajudar a descrever os produtos, metas e objetivos do projeto; ser capaz de sonhar e traduzir os sonhos a outras pessoas);
- Ser otimista e positivo;
- Ser colaborativo;
- Gerenciar relacionamentos e conflitos através de:
  o Construção de confiança;
  o Solução de preocupações;
  o Busca de consenso;
  o Balanceamento de metas concorrentes e opostas;
  o Aplicação de habilidades de persuasão, negociação, compromisso e resolução de conflitos;
  o Desenvolvimento e cultivo de redes pessoais e profissionais;
  o Tomada de uma visão de longo prazo de que os relacionamentos são tão importantes quanto o projeto; e
  o Desenvolver e aplicar constantemente a perspicácia política.

- Comunicação:
  o Dedicar tempo suficiente comunicando-se (pesquisas mostram que os melhores gerentes de projetos gastam cerca de 90% do tempo comunicando-se);
  o Administração expectativas;
  o Aceite de *feedback* de forma positiva;
  o Fornecimento de *feedback* de forma construtiva; e
  o Perguntar e ouvir.
- Manutenção de uma conduta de respeito (ajudar os outros a manter suas autonomias), ser cortês e amigável, gentil, honesto, confiável, leal e ético;
- Demonstração de integridade e sensibilidade cultural, coragem, capacidade de solucionar problemas e tomada de decisão;
- Reconhecimento aos outros quando devido;
- Ser um aprendiz por toda a vida, orientado aos resultados e à ação;
- Foco nas coisas importantes, como:
  o Priorização constante do trabalho, revisando-o e ajustando-o conforme necessário;
  o Encontrar e usar um método de priorização que funcione para as pessoas e o projeto;
  o Diferenciação das prioridades estratégicas de alto nível, especialmente as relativas aos fatores essenciais do sucesso do projeto;
  o Manutenção da vigilância sobre as principais restrições de projeto;
  o Flexibilidade com as prioridades táticas; e
  o Ser capaz de filtrar grandes quantidades de informação para obter os dados mais importantes.
- Ter uma visão holística e sistêmica do projeto, considerando igualmente os fatores internos e externos;
- Ser capaz de aplicar raciocínio crítico (por exemplo, aplicação de métodos analíticos para tomar decisões) e identificar-se como agente de mudança.
- Ser capaz de construir equipes eficientes, ser orientado a serviços, divertir-se e compartilhar o humor efetivamente com os membros da equipe.

Sabemos que um líder precisa fazer aquilo que é preciso para o bem da organização. Para isso, o líder precisa ser POLÍTICO e a política envolve influência, negociação, autonomia e poder. O gerente precisa entender como a organização funciona em todos os seus aspectos, para que, com isso, ele tenha uma maior probabilidade de sucesso. Exercer o poder também traz consigo a responsabilidade de ser sensível e respeitar as outras pessoas. A ação efetiva do gerente de projetos mantém a autonomia dos envolvidos. A ação do gerente de projetos resulta na realização pelas pessoas certas, das atividades necessárias para cumprir os objetivos do projeto.

As várias formas de poder, de acordo com o PMBOK (2017), incluem, mas não estão limitadas a:

- Relativa à posição (algumas vezes denominado formal, autoritário, legítimo) (por exemplo, posição formal concedida na organização ou equipe);
- Relativa às informações (por exemplo, controle de coleta ou distribuição);
- Relativa ao paradigma (por exemplo, respeito ou admiração que terceiros mantêm sobre a pessoa, credibilidade

adquirida);

- Relativa à situação (por exemplo, obtida devido a uma situação exclusiva, como uma crise específica);
- Relativa à pessoa ou ao carisma (por exemplo, charme, atração);
- Relativa ao relacionamento (por exemplo, participa de redes de relacionamentos, conexões e alianças);
- Relativa ao conhecimento especializado (por exemplo, habilidade, posse de informações; experiência, treinamento, educação, certificação);
- Relativa à orientação pela recompensa (por exemplo, capacidade de fazer elogios, premiar com dinheiro ou outros itens desejados);
- Relativa à punição ou coerção (por exemplo, a capacidade de apelar à disciplina ou consequências negativas);
- Relativa a inspirar simpatia (por exemplo, usar de lisonja ou outra causa comum para ganhar favor ou cooperação);
- Relativa à pressão (por exemplo, limitar a liberdade de escolha ou o movimento com o objetivo de obter adesão à ação desejada);
- Relativa à culpa (por exemplo, a imposição de obrigação ou dever);
- Relativa à persuasão (por exemplo, a capacidade de fornecer argumentos para convencer as pessoas para um curso de ação desejado); e
- Relativa à rejeição (por exemplo, recusar-se a participar).

Os mais destacados gerentes de projeto são proativos e intencionais quando se trata do poder. Esses gerentes de projetos trabalham para adquirir o poder e a autoridade de que necessitam dentro dos limites das políticas organizacionais, dos protocolos e procedimentos em lugar de aguardar que estes lhes sejam concedidos (PMBOK, 2017).

IMPORTANTE: Diferença entre GERENCIAMENTO e LIDERANÇA:

Gerenciamento	Liderança
Direta usando poder posicional	Guiar, influenciar e colaborar usando poder relacional
Manter	Desenvolver
Administrar	Inovar
Foco em sistemas e estrutura	Foco em relacionamentos com pessoas
Apoiar-se em controle	Inspirar confiança
Foco em metas de curto prazo	Foco em visão de longo alcance
Perguntar como e quando	Perguntar o que e por que
Foco nos resultados	Foco no horizonte
Aceita o status quo	Questiona o status quo
Age corretamente	Faz o que é necessário fazer
Foco em questões operacionais e solução de problemas	Foco em visão, alinhamento, motivação e inspiração

Retomando a aula

Ao final desta seguda aula, vamos recordar sobre o que aprendemos até aqui.

1 - O ambiente em que os projetos operam

Nesta seção, estudamos que os projetos não operam em um ambiente isolado, mas sim em um ambiente corporativo. Assim, os projetos influenciam esse ambiente, ao mesmo tempo em que é muito influenciado por ele, podendo ter impacto favorável ou desfavorável sobre o projeto.

2 - Estruturas organizacionais

Na seção 2, vimos que a estrutura organizacional é um fator ambiental da empresa que pode afetar a disponibilidade dos recursos e influenciar a forma como os projetos são conduzidos. As estruturas organizacionais variam de funcionais a projetadas, com uma variedade de estruturas matriciais entre elas.

3 - Visão geral e definição de gerente de projetos

Na seção 3, aprendemos que o gerente de projetos é a pessoa alocada pela organização executora para liderar a equipe responsável por alcançar os objetivos do projeto. Isso quer dizer que, os gerentes de projetos são responsáveis pelo atendimento de necessidades: de tarefas, necessidades de equipe, e necessidades individuais. O gerente de projetos será o elo entre a estratégia e a equipe.

4 - Competências e habilidades do gerente de projetos

Na seção 4, vimos algumas habilidades e competências do gerente de projetos como: conhecimento, desempenho e pessoal.

Vale a pena

Vale a pena ler

KERZNER, Harold. *Gestão de projetos*: as melhores práticas. 3. ed. Porto Alegre: Bookman, 2017.

MENEZES, Luís César de Moura. *Gestão de projetos*. 4. ed. São Paulo: Atlas, 2018.

PMI. Um guia de conhecimento em gerenciamento de projetos. *Guia PMBOK 6º*. ed. - EUA: Project Management Institute, 2017.

CARVALHO, Marly Monteiro de; RABECHINI JR., Roque. *Fundamentos em gestão de projetos*: construindo competências para gerenciar projetos. 4. ed. São Paulo: Atlas, 2017.

CLEMENTS, James P.; GIDO, Jack. *Gestão de projetos*. São Paulo: Cengage Learning, 2017.

KEELLING, Ralph; MOREIRA, Cid Knipel. *Gestão de projetos*: uma abordagem global. São Paulo: Saraiva, 2002.

OLIVEIRA, Guilherme Bueno de. *MS project & gestão de projetos*. São Paulo: Pearson Makron Books, 2005.

VALERIANO, Dalton L. *Gerência em projetos*: pesquisa, desenvolvimento e engenharia. São Paulo: Makron Books do Brasil, 2014.

Vale a pena assistir

Qual a principal habilidade de um gerente de projetos bem-sucedido? Disponível em: https://www.youtube.com/watch?v=X6L3O4HwwNU. Acesso em: 05/02/2021.

Entenda o papel do gerente de projetos. Disponível em: https://www.youtube.com/watch?v=g2Ct6Iu5Ksw. Acesso em: 05/02/2021.

Soft Skills – Competências e Habilidades Pessoais para Gerente de Projetos. Disponível em: https://www.youtube.com/watch?v=hzvc5wlaMAw. Acesso em: 05/02/2021.

Minhas anotações

Minhas anotações

Aula 3º

Gerenciamento da integração do projeto

Prezados(as) estudantes:

Nesta aula, vamos entender o conceito de gerenciamento da integração do projeto. Todo esse material é baseado no Guia PMBOK, um guia de conhecimento de gerenciamento de projetos que apresenta as melhores práticas aplicadas na maior parte do tempo, na maioria dos projetos, independentemente da natureza deste. O Guia PMBOK é uma publicação do Project Manangement Institute (PMI) e é atualizado de 4 em 4 anos.

Ao final do guia, apresentaremos uma versão completa dos fluxos de processos do Guia PMBOK elaborado pelo professor Ricardo Vargas disponível em: Fluxo de Processos do PMBOK® – Ricardo Viana Vargas, (ricardo-vargas.com).

Vamos, primeiramente, ver quais são os objetivos e as seções de estudo que serão desenvolvidas nesta aula. Bom trabalho!

Bons estudos!

Objetivos de aprendizagem

Ao término desta aula, vocês serão capazes de:

- definir o que é gerenciamento da integração do projeto;
- entender os processos no gerenciamento de integração;
- identificar as entradas, ferramentas e técnicas e saídas dos processos de gerenciamento da integração do projeto.

Seções de estudo

1 - Gerenciamento da Integração do Projeto

2 - Desenvolver o Termo de Abertura do Projeto

3 - Desenvolver o Plano de Gerenciamento do Projeto

4 - Orientar e Gerenciar o Trabalho do Projeto

5 - Gerenciar o Conhecimento do Projeto

6 - Monitorar e Controlar o Trabalho do Projeto

7 - Realizar o Controle Integrado de Mudanças

1 - Gerenciamento da Integração do Projeto

A integração, no contexto de gerenciamento de projetos, inclui características de **unificação, consolidação, comunicação e inter-relacionamentos**, ou seja, são ações que devem ser aplicadas desde o início do projeto até a sua conclusão final (PMBOK, 2017). Assim, o gerenciamento de integração inclui processos e atividades para **identificar, definir, combinar, unificar e coordenar** os vários processos e atividades de gerenciamento de um projeto, dentro dos Grupos de Processos de Gerenciamento do Projeto.

Os processos de Gerenciamento da Integração de Projetos são (PMBOK, 2017):

• Desenvolver o Termo de Abertura do Projeto: processo de desenvolver um documento que formalmente autoriza a existência de um projeto e fornece ao gerente do projeto a autoridade necessária para aplicar recursos organizacionais às atividades do projeto;

• Desenvolver o Plano de Gerenciamento do Projeto: processo de definir, preparar e coordenar todos os componentes do plano e consolidá-los em um plano integrado de gerenciamento do projeto;

• Orientar e Gerenciar o Trabalho do Projeto: processo de liderar e realizar o trabalho definido no plano de gerenciamento do projeto e a implementação das mudanças aprovadas para atingir os objetivos do projeto;

• Gerenciar o Conhecimento do Projeto: processo de utilizar conhecimentos existentes e criar novos conhecimentos para alcançar os objetivos do projeto e contribuir para a aprendizagem organizacional.

• Monitorar e Controlar o Trabalho do Projeto: processo de acompanhamento, análise e relato do progresso geral para atender aos objetivos de desempenho definidos no plano de gerenciamento do projeto.

• Realizar o Controle Integrado de Mudanças: processo de revisar todas as solicitações de mudança, aprovar as mudanças e gerenciar as mudanças nas entregas, ativos de processos organizacionais, documentos do projeto e no plano de gerenciamento do projeto, além de comunicar a decisão sobre eles.

• Encerrar o projeto ou fase: processo de finalização de todas as atividades para o projeto, fase ou contrato.

A Figura a seguir fornece uma visão geral desses processos.

Fonte: PMBOK, 2017.

O Gerenciamento de Integração do Projeto é uma atribuição específica dos Gerentes do Projeto e sua responsabilidade não pode ser delegada ou transferida, como acontece em outras áreas. É o Gerente do Projeto que tem uma visão geral dele, combinando os resultados de todas as áreas e, consequentemente, é responsável pelo projeto como um todo.

2 - Desenvolver o Termo de Abertura do Projeto

Termo de Abertura do Projeto é um documento que formalmente autoriza a existência de um projeto fornecendo ao seu gerente do mesmo a autoridade necessária para aplicar recursos organizacionais às atividades do projeto. Logo, é esse documento que vai estabelecer uma parceria entre a organização executora e a organização solicitante, e é elaborado pela entidade patrocinadora, sendo recomendado que o gerente de projeto participe do desenvolvimento desse termo de abertura, para que assim ele possa compreender os requisitos do projeto.

Como vantagens desse documento, podemos citar o vínculo direto entre o projeto e os objetivos estratégicos da organização, criar um registro formal do projeto e demonstrar o compromisso da organização. O Guia PMBOK apresenta um diagrama de fluxo de dados desse processo:

Fonte: PMBOK, 2017.

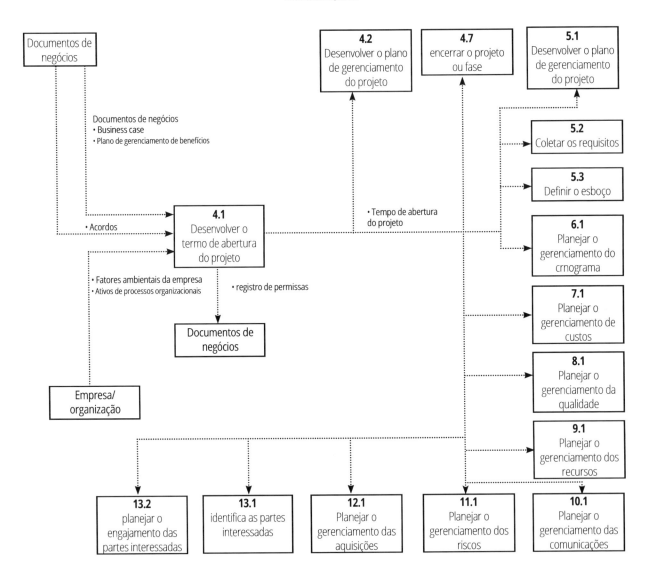

Fonte: PMBOK, 2017.

i.   Entradas

As entradas do Termo de Abertura do Projeto são os documentos de negócios (Business Case e Plano de Gerenciamento de benefícios), os acordos, os fatores ambientais da empresa e os ativos de processos organizacionais.

O **business case** do projeto é o documento de negócio mais comumente usado para criar o termo de abertura do projeto, já que é um estudo documentado de viabilidade econômica. Ele que determina os resultados esperados justificando, logo, o seu investimento. Assim o business case lista os objetivos e as razões para a iniciação do projeto e, portanto, ajuda a medir o sucesso ao final em relação aos seus objetivos.

Através dos dados e informações do business case, o **plano de gerenciamento de benefícios** do projeto é elaborado. Esse documento descreve como e quando os benefícios serão entregues e os mecanismos que devem estar implementados para medir esses benefícios. Um benefício de projeto é definido como um resultado de ações, comportamentos, produtos ou serviços que fornecem valor para a organização patrocinadora e aos beneficiários do projeto.

Os acordos são qualquer documento ou comunicação que **define as intenções iniciais do projeto**, podendo ser em forma de contrato, memorando de acordo prévio (MAP), memorandos de entendimento (MDEs), acordos de nível de serviço (ANSs), cartas de compromisso, acordos verbais, e-mails ou outros tipos de acordos por escrito.

Os **fatores ambientais** da empresa que podem influenciar no processo de desenvolvimento do Termo de Abertura do projeto podem incluir padrões governamentais ou do setor, requisitos e/ou restrições legais e regulatórios, condições de mercado, cultura organizacional e clima político, estrutura de governança organizacional (uma forma estruturada de fornecer controle, orientação e coordenação através de pessoas, políticas e processos para cumprir metas organizacionais estratégicas e operacionais) e expectativas de partes interessadas e limites dos riscos.

Já **os ativos de processos organizacionais** que podem influenciar no processo de desenvolvimento do Termo de Abertura do projeto incluem as políticas, processos e procedimentos organizacionais padrão, estrutura de governança do projeto, portfólio e programa (funções e processos de governança para fornecer orientação e tomada de decisão), métodos de monitoramento e produção de relatórios, modelos (por exemplo, modelo do termo de abertura do projeto), informações históricas e repositório de lições aprendidas (por exemplo, registros e documentos de projeto, informações sobre os resultados de decisões anteriores de seleção de projeto e informações sobre desempenho de projetos anteriores) (PMBOK, 2017).

ii.   Ferramentas e Técnicas

Como ferramenta e técnica utilizada, **a opinião especializada** é aquela baseada em expertise numa área específica de aplicação, considerando o uso da *expertise* de indivíduos ou grupos com conhecimento ou treinamento especializado em estratégia organizacional, gerenciamento de benefícios, conhecimento técnico da indústria e área foco do projeto, estimativa de duração e orçamento e identificação de riscos.

A **coleta de dados** pode ser realizada através de *brainstorming* (técnica composta por duas partes, geração e

análise das ideias realizada, em um ambiente de grupo e liderada por um facilitador), grupos de discussão (reunião de partes interessadas e especialistas para compartilhar informações) ou entrevistas (usada para obter informações sobre requisitos de alto nível).

As **habilidades interpessoais e de equipe** que podem ser usadas nesse processo incluem o gerenciamento de conflitos (ajuda a alinhar as partes interessadas quanto aos objetivos), facilitação (capacidade de orientar eficazmente um evento de grupo para uma decisão, solução ou conclusão bem-sucedida) e gerenciamento de reuniões (inclui a preparação de agenda, o convite das partes interessadas e a preparação de minutas e ações de acompanhamento).

Nas **reuniões**, as partes interessadas identificam os objetivos do projeto, os critérios de sucesso, os requisitos e as informações importantes resumidas.

iii.   Saídas

O principal documento de saída é o **termo de abertura do projeto**. Já vimos anteriormente que é o documento emitido pelo responsável pela iniciação do projeto ou patrocinador que autoriza formalmente a existência de um projeto e fornece ao gerente do projeto a autoridade para aplicar os recursos organizacionais nas atividades apresentadas. Nesse documento é possível identificar a finalidade do projeto, os objetivos mensuráveis e critérios de sucesso relacionados, os requisitos de alto nível, uma descrição de alto nível seus limites e entregas-chave, o risco geral do projeto; um resumo do cronograma de marcos, os recursos financeiros pré-aprovados, a lista das partes interessadas-chave, os requisitos para aprovação (ou seja, o que constitui o sucesso do projeto, quem decide se ele é bem-sucedido e quem autoriza o encerramento), os critérios de término (ou seja, quais são as condições que devem ser cumpridas para encerrar ou cancelar o projeto ou fase), o gerente do projeto designado, responsabilidade e nível de autoridade, e o nome e autoridade do patrocinador, ou outra(s) pessoa(s) que autoriza(m) o termo de abertura do projeto (PMBOK, 2017).

3 - Desenvolver o Plano de Gerenciamento do Projeto

Desenvolver o plano de gerenciamento do Projeto é o processo no qual se define, prepara e coordena todos os planos auxiliares para integrá-los a um plano de gerenciamento de projeto abrangente. O documento de saída, que é o plano de gerenciamento, vai definir como ele é executado, monitorado, controlado e encerrado. Os componentes desse plano incluem, além das linhas de base (do escopo, do cronograma e dos custos) e dos componentes adicionais, os planos de gerenciamento auxiliares (PMBOK, 2017):

• Plano de gerenciamento do escopo: estabelece como o escopo será definido, desenvolvido, monitorado, controlado e validado;

• Plano de gerenciamento dos requisitos: estabelece como os requisitos serão analisados, documentados e gerenciados;

• Plano de gerenciamento do cronograma: estabelece os critérios e as atividades para desenvolvimento, monitoramento e controle do cronograma;

- Plano de gerenciamento dos custos: estabelece como os custos serão planejados, estruturados e controlados.

- Plano de gerenciamento da qualidade: estabelece como as políticas da qualidade, metodologias e padrões de uma organização serão implementados no projeto.

- Plano de gerenciamento dos recursos: fornece orientação sobre como os recursos do projeto devem ser categorizados, alocados, gerenciados e liberados.

- Plano de gerenciamento das comunicações: estabelece como, quando e por quem informações sobre o projeto serão administradas e divulgadas.

- Plano de gerenciamento dos riscos: estabelece como as atividades de gerenciamento de risco serão estruturadas e realizadas.

- Plano de gerenciamento das aquisições: estabelece como a equipe do projeto irá adquirir bens e serviços de fora da organização executora.

- Plano de engajamento das partes interessadas: estabelece como as partes interessadas serão engajadas nas decisões e execução do projeto, de acordo com suas necessidades, interesses e impacto.

O principal benefício desse processo é um documento central que define a base de todo trabalho do projeto e como este será realizado, sendo preciso definir pelo menos as referências do projeto em termos de escopo, tempo e custo, para que a execução possa ser medida e comparada com essas referências e o desempenho possa ser gerenciado.

A figura abaixo mostra o diagrama de dados desse processo.

Desenvolver o Plano de Gerenciamento do Projeto

Entradas	Ferramentas e técnicas	Saídas
.1 Termo de abertura do projeto .2 Saídas de Outros Processos .3 Fatores ambientais da empresa .4 Ativos de processos organizacionais	.1 Opinião especializada .2 Coleta de dados • Brainstorming • Listas de verificação • Grupos de discussão • Entrevistas .3 Habilidades interpessoais e de equipe • Gerenciamento de conflitos • Facilitação • Gerenciamento de reuniões .4 Reuniões	.1 Plano de gerenciamento do projeto

Fonte: PMBOK, 2017.

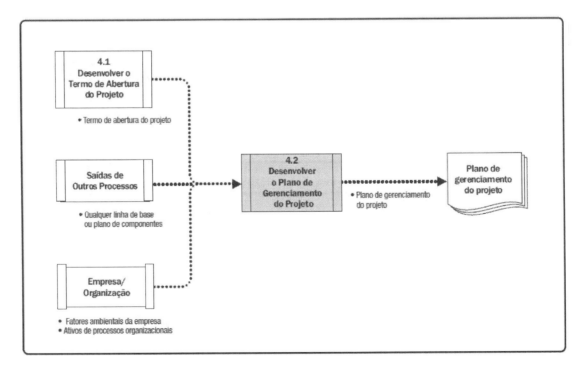

Fonte: PMBOK, 2017.

4 - Orientar e Gerenciar o Trabalho do Projeto

Orientar e Gerenciar o Trabalho do Projeto é o processo de liderar e realizar o trabalho definido no plano de gerenciamento do projeto e implementar as mudanças aprovadas para atingir os seus objetivos. Envolve, portanto, executar as atividades de projeto planejadas para complementar as entregas e cumprir os objetivos estabelecidos. Os recursos disponíveis são alocados, seu uso eficiente é gerenciado e mudanças nos planos de projeto decorrentes da análise de informações e dados de desempenho do trabalho são realizadas. O principal benefício desse processo é o fornecimento do gerenciamento geral do trabalho do projeto. A análise de dados de desempenho do trabalho irá fornecer informações sobre o progresso da finalização das entregas e outros detalhes relevantes sobre o desempenho do projeto.

As entradas, ferramentas e técnicas, e saídas deste processo são:

Orientar e Gerenciar o Trabalho do Projeto

Entradas

.1 Plano de gerenciamento do projeto
  • Qualquer componente
.2 Documentos do projeto
  • Registro das mudanças
  • Registro das lições aprendidas
  • Lista de marcos
  • Comunicações do projeto
  • Cronograma do projeto
  • Matriz de rastreabilidade dos requisitos
  • Registro dos riscos
  • Relatório de riscos
.3 Solicitações de mudança aprovadas
.4 Fatores ambientais da empresa
.5 Ativos de processos organizacionais

Ferramentas e técnicas

.1 Opinião especializada
.2 Sistema de informações de gerenciamento de projetos
.3 Reuniões

Saídas

.1 Entregas
.2 Dados de desempenho do trabalho
.3 Registro das questões
.4 Solicitações de mudança
.5 Atualizações do plano de gerenciamento do projeto
  • Qualquer componente
.6 Atualizações de documentos do projeto
  • Lista de atividades
  • Registro de premissas
  • Registro das lições aprendidas
  • Documentação dos requisitos
  • Registro dos riscos
  • Registro das partes interessadas
.7 Atualizações de ativos de processos organizacionais

Fonte: PMBOK, 2017.

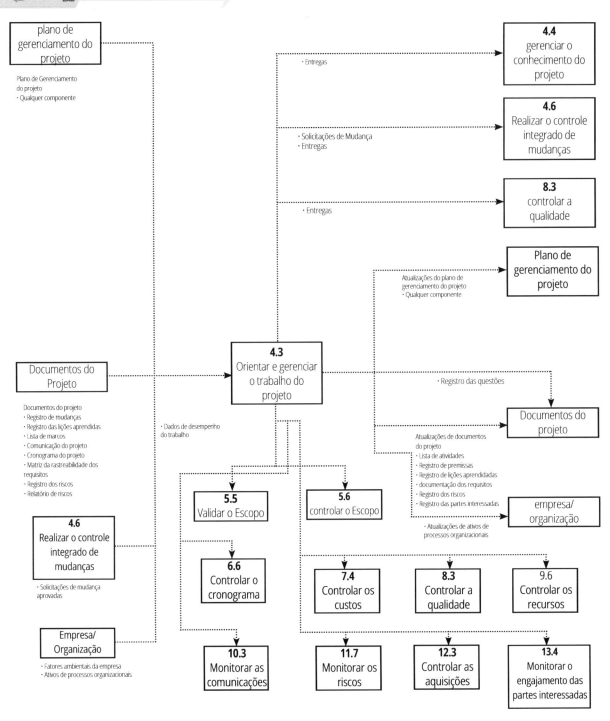

Fonte: PMBOK, 2017.

Nesse processo é possível destacar o **Sistema de Informações de Gerenciamento de Projetos (SIGP),** que fornece acesso a ferramentas de software de tecnologia da informação (TI), como ferramentas de software de cronograma, sistemas de autorização de trabalho, sistemas de gerenciamento de configuração, sistemas de coleta e distribuição de informações, bem como interfaces para outros sistemas automatizados on-line, tais como repositórios de base de conhecimentos corporativos. Coleta e relatório automatizados sobre os principais indicadores de desempenho (KPI) podem fazer parte desse sistema (PMBOK, 2017).

5 - Gerenciar o Conhecimento do Projeto

Este processo utiliza conhecimentos existentes e cria novos conhecimentos para alcançar os objetivos do projeto e contribuir para a aprendizagem organizacional. Os principais benefícios desse processo são que conhecimentos organizacionais anteriores são aproveitados para produzir ou aprimorar os resultados do projeto, e esse conhecimento criado fica disponível para apoiar as operações organizacionais e projetos, ou fases futuras (PMBOK, 2017).

O conhecimento pode ser dividido em explícito e tácito. O primeiro é aquele que pode ser facilmente codificado usando palavras, imagens e números, já o segundo é o conhecimento pessoal e difícil de expressar, como crenças, experiências e *know-how*. O gerenciamento do conhecimento envolve tanto o gerenciamento do conhecimento explícito como do conhecimento tácito, com duas finalidades: reutilização de conhecimentos existentes e criação de novos conhecimentos.

As entradas, ferramentas e técnicas, e saídas desse processo estão ilustradas abaixo:

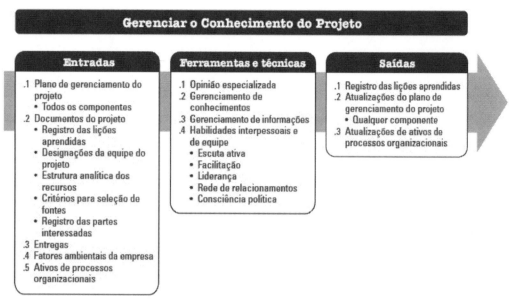

Fonte: PMBOK, 2017.

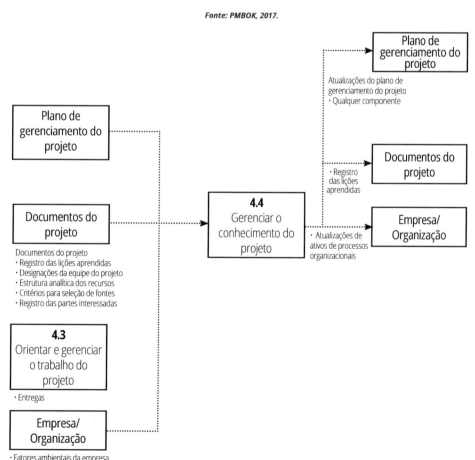

Fonte: PMBOK, 2017.

6 - Monitorar e Controlar o Trabalho do Projeto

Monitorar e Controlar o Trabalho do Projeto é o processo de acompanhamento, análise e relato do progresso geral para atender aos objetivos de desempenho definidos no plano de gerenciamento do projeto.

Importante ressaltar a diferença entre monitoramento e controle. O monitoramento inclui a coleta, medição e avaliação das medições e tendências para implementar melhorias no processo, logo, é um aspecto de gerenciamento executado do início ao término do projeto. Já o controle inclui a ação de medidas corretivas ou preventivas, ou o replanejamento e acompanhamento dos planos de ação para determinar se as ações tomadas resolveram o problema de desempenho.

Os principais benefícios desse processo são: permitir que as partes interessadas entendam a situação atual do projeto, reconheçam as ações adotadas para abordar quaisquer problemas de desempenho e tenham visibilidade sobre a situação futura do projeto, com previsões de custos e prazos. As entradas, ferramentas e técnicas, e saídas desse processo estão ilustradas nas figuras abaixo:

Monitorar e Controlar o Trabalho do Projeto

Entradas	Ferramentas e técnicas	Saídas
.1 Plano de gerenciamento do projeto • Qualquer componente .2 Documentos do projeto • Registro de premissas • Bases das estimativas • Previsões de custos • Registro das questões • Registro das lições aprendidas • Lista de marcos • Relatórios de qualidade • Registro dos riscos • Relatório de riscos • Previsões do cronograma .3 Informações sobre o desempenho do trabalho .4 Acordos .5 Fatores ambientais da empresa .6 Ativos de processos organizacionais	.1 Opinião especializada .2 Análise de dados • Análise de alternativas • Análise de custo-benefício • Análise de valor agregado • Análise de causa-raiz • Análise de tendências • Análise de variação .3 Tomada de decisões .4 Reuniões	.1 Relatórios de desempenho do trabalho .2 Solicitações de mudança .3 Atualizações do plano de gerenciamento do projeto • Qualquer componente .4 Atualizações de documentos do projeto • Previsões de custos • Registro das questões • Registro das lições aprendidas • Registro dos riscos • Previsões do cronograma

Fonte: PMBOK, 2017.

O processo Monitorar e Controlar o Trabalho do Projeto envolve:
- Comparar o desempenho real do projeto com o plano de gerenciamento do projeto;
- Avaliar periodicamente o desempenho para determinar se quaisquer ações corretivas ou preventivas são indicadas e então recomendá-las, se necessário;
- Verificar o *status* de riscos individuais do projeto;
- Manter uma base de informações precisas e oportunas a respeito do(s) produto(s) do projeto e suas respectivas documentações até o término do projeto;
- Fornecer informações para dar suporte ao relatório de *status*, medição de progresso e previsão;
- Fornecer previsões para a atualização das informações atuais de custos e cronograma;
- Monitorar a implementação das mudanças aprovadas à medida que elas ocorrem;
- Fornecer o relatório apropriado sobre o progresso e situação do projeto ao gerenciamento de programas quando o projeto for parte de um programa; e
- Garantir que o projeto permaneça alinhado com as necessidades do negócio.

7 - Realizar o Controle Integrado de Mudanças

O processo de realizar o Controle Integrado de Mudanças é de responsabilidade do gerente de projetos, sendo conduzido do início ao fim. É o processo de revisar todas as solicitações de mudança; aprovar as mudanças e gerenciar as mudanças nas entregas, nos documentos do projeto e no plano de gerenciamento do projeto; e comunicar as decisões.

Esse processo revisa todas as solicitações de mudança em documentos do projeto, nas entregas, ou no plano de gerenciamento do projeto e determina a resolução das solicitações de mudança. Essas mudanças podem ser solicitadas por qualquer parte interessada envolvida com o projeto, podendo ocorrer a qualquer momento ao longo do seu ciclo de vida. Tais mudanças devem ser sempre registradas por escrito, alicerçadas em informações sobre possíveis impactos no cronograma e nos custos do projeto.

O principal benefício desse processo é permitir que as mudanças documentadas no projeto sejam consideradas de forma integrada, abordando o risco geral do projeto, que frequentemente resulta de realizar mudanças sem considerar os objetivos ou planos gerais do projeto. As entradas, ferramentas e técnicas, e saídas desse processo estão, ilustradas na imagem abaixo:

Fonte: PMBOK, 2017.

- Encerrar Projeto ou Fase

Quando há a finalização de todas as atividades do projeto, da fase ou do contrato, estamos diante de um processo de encerramento no qual o gerente do projeto deve revisar o plano de gerenciamento para garantir que todo o trabalho esteja concluído, cumprindo os seus objetivos.

Esse processo é a finalização de todas as atividades de todos os Grupos de Processos de Gerenciamento do Projeto para encerrar formalmente o projeto ou a fase. O processo Encerrar o Projeto ou Fase também estabelece os procedimentos para investigar e documentar os motivos de ações realizadas, se o projeto for encerrado antes da sua conclusão. Para que isso seja conseguido com sucesso, o gerente do projeto precisa envolver todas as partes interessadas apropriadas no processo.

O principal benefício desse processo é o fornecimento de lições aprendidas, o encerramento formal do trabalho e a liberação dos recursos organizacionais para utilização em novos empreendimentos. As entradas, ferramentas e técnicas, e saídas desse processo são (PMBOK, 2017):

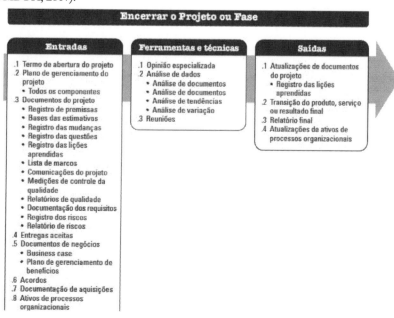

Fonte: PMBOK, 2017.

Retomando a aula

Ao final desta terceira aula, vamos recordar sobre o que aprendemos até aqui.

1 - Gerenciamento da Integração do projeto

Nesta seção, vimos que a integração, no contexto de gerenciamento de projetos, inclui características de unificação, consolidação, comunicação e inter-relacionamentos, ou seja, são ações que devem ser aplicadas desde o início do projeto até a conclusão final. Assim, o gerenciamento de integração inclui processos e atividades para identificar, definir, combinar, unificar e coordenar os vários processos e atividades de gerenciamento de um projeto, dentro dos Grupos de Processos de Gerenciamento do Projeto.

2 - Desenvolver o Termo de Abertura do Projeto

Nesta seção, estudamos que o Termo de Abertura do Projeto é um documento que formalmente autoriza a existência de um projeto, fornecendo ao gerente a autoridade necessária para aplicar recursos organizacionais às atividades do projeto

3 - Desenvolver o Plano de Gerenciamento do Projeto

Nesta seção, aprendemos que desenvolver o plano de gerenciamento do Projeto é o processo no qual se define, prepara e coordena todos os planos auxiliares para integrá-los a um plano de gerenciamento de projeto abrangente.

4 - Orientar e Gerenciar o Trabalho do Projeto

Nesta seção, vimos que orientar e gerenciar o Trabalho do Projeto é o processo de liderar e realizar o trabalho definido no plano de gerenciamento do projeto e implementar as mudanças aprovadas para atingir os objetivos.

5 - Gerenciar o Conhecimento do Projeto

Nesta seção, constatamos que gerenciar o conhecimento do projeto utiliza conhecimentos existentes e cria novos conhecimentos para alcançar os objetivos do projeto e contribuir para a aprendizagem organizacional.

6 - Monitorar e Controlar o Trabalho do Projeto

Nesta seção, vimos que Monitorar e Controlar o Trabalho do Projeto é o processo de acompanhamento, análise e relato do progresso geral para atender aos objetivos de desempenho definidos no plano de gerenciamento do projeto.

7 - Realizar o Controle Integrado de Mudanças

Nesta seção, estudamos que o processo de realizar o Controle Integrado de Mudanças é de responsabilidade do gerente de projetos, sendo conduzido do início ao fim dele.

Vale a pena

❝Vale a pena **ler**⟋

KERZNER, Harold. *Gestão de projetos*: as melhores práticas. 3. ed. Porto Alegre: Bookman, 2017.

MENEZES, Luís César de Moura. *Gestão de projetos*. 4. ed. São Paulo: Atlas, 2018.

PMI. Um guia de conhecimento em gerenciamento de projetos. *Guia PMBOK 6º*. ed. - EUA: Project Management Institute, 2017.

CARVALHO, Marly Monteiro de; RABECHINI JR., Roque. *Fundamentos em gestão de projetos*: construindo competências para gerenciar projetos. 4. ed. São Paulo: Atlas, 2017.

CLEMENTS, James P.; GIDO, Jack. *Gestão de projetos*. São Paulo: Cengage Learning, 2017.

KEELLING, Ralph; MOREIRA, Cid Knipel. Gestão de projetos: uma abordagem global. São Paulo: Saraiva, 2002.

OLIVEIRA, Guilherme Bueno de. *MS project & gestão de projetos*. São Paulo: Pearson Makron Books, 2005.

VALERIANO, Dalton L. *Gerência em projetos*: pesquisa, desenvolvimento e engenharia. São Paulo: Makron Books do Brasil, 2014.

❝Vale a pena **assistir**⟋

Entenda a área de Integração do PMBOK em tempo recorde. Disponível em: https://www.youtube.com/watch?v=XUCuGxOXeEU. Acesso em: 05/02/2021.

Gestão de Projetos 03 – Gerenciamento da Integração. Disponível em: https://www.youtube.com/watch?v=0QHF_mwsvX0. Acesso em: 05/02/2021.

Gerenciamento da Integração de Projeto. Disponível em: https://www.youtube.com/watch?v=5kZ0K_4-irg. Acesso em: 05/02/2021.

Aula 4º

Gerenciamento do Escopo, do Cronograma

Prezados(as) estudantes:

Nesta aula, vamos estudar duas áreas de conhecimento: gerenciamento do escopo e gerenciamento do cronograma. Todo esse material é baseado no Guia PMBOK, um guia de conhecimento de gerenciamento de projetos que apresenta as melhores práticas aplicadas na maior parte do tempo, na maioria dos projetos, independentemente da sua natureza. O Guia PMBOK é uma publicação do Project Manangement Institute (PMI) e é atualizado de 4 em 4 anos.

Ao final do guia, apresentaremos uma versão completa dos fluxos de processos do Guia PMBOK, elaborado pelo professor Ricardo Vargas disponível em: Fluxo de Processos do PMBOK® – Ricardo Viana Vargas, (ricardo-vargas.com).

Vamos, primeiramente, ver quais são os objetivos e as seções de estudo que serão desenvolvidas nesta aula. Bom trabalho!

Bons estudos!

Objetivos de aprendizagem

Ao término desta aula, vocês serão capazes de:

- definir o que é gerenciamento do escopo do projeto;
- entender os processos no gerenciamento do cronograma.

Seções de estudo

1- Gerenciamento do Escopo
2- Gerenciamento do Cronograma

1- Gerenciamento do Escopo

Escopo é a finalidade, o alvo ou o intento que foi estabelecido como meta final. O escopo é o objetivo que se pretende atingir, é sinônimo de **fim**, **propósito** ou **desígnio**. Assim, em um projeto, o gerenciamento do Escopo inclui os processos necessários para assegurar que se inclua todo o trabalho, e apenas o necessário, para que esse projeto tenha êxito. A preocupação principal do gerenciamento do escopo do projeto está diretamente relacionada à definição do que está e do que não está incluído no projeto.

São seis os processos de gerenciamento do escopo: planejar o gerenciamento do escopo, coletar os requisitos, definir o escopo, criar a Estrutura Analítica do Projeto (EAP), validar o escopo e controlar o escopo. Para o PBMOK (2017), esses processos interagem uns com os outros e também com os processos das demais áreas de conhecimento. Cada processo pode envolver esforço de um ou mais indivíduos, ou grupos de indivíduos, dependendo das necessidades do projeto. Cada processo geralmente ocorre pelo menos uma vez em cada fase do projeto. Embora os processos sejam aqui apresentados como componentes discretos e interfaces bem definidas, na prática eles podem se sobrepor e interagir de outras maneiras (PMBOK, 2017).

Escopo do Produto: as características e funções que caracterizam um produto, serviço ou resultado;
Escopo do Projeto: o trabalho que deve ser realizado para entregar um produto, serviço ou resultado com as características e funções especificadas. O termo "escopo do projeto" às vezes é visto como incluindo o escopo do produto (PMBOK, 2017).

Visão geral do Gerenciamento do Escopo do Projeto

5.1 Planejar o Gerenciamento do Escopo

1 Entradas
1. Termo de abertura do projeto
2. Plano de gerenciamento do projeto
3. Fatores ambientais da empresa
4. Ativos de processos organizacionais

2 Ferramentas e técnicas
1. Opinião especializada
2. Análise de dados
3. Reunião

3 Saídas
1. Plano de Gerenciamento do escopo
2. Plano de gerenciamento dos requisitos

5.2 Coletar os Requisitos

1 Entradas
1. Termo de abertura do projeto
2. Plano de gerenciamento do projeto
3. Documentos do projeto
4. Documentos de Negócios
5. Acordos

2 Ferramentas e técnicas
1. Opinião especializado
2. Coleta de dados
3. Análise de dados
4. Tomada de decisões
5. Representações de dados
6. Habilidades interpessoais e de equipe
7. Diagramas de contexto
8. Protótipos

3 Saídas
1. Documentação dos requisitos
2. Matriz de rastreabilidade dos requisitos

5.3 Definir o Escopo

1 Entradas
1 Termo de abertura de projeto
2. Plano de gerenciamento do projeto
3. Documentos do pojetos
4. Fatores ambientais da empresa
5. Ativos de processos organizacionais

2 Ferramentas e técnicas
1. Opinião especializada
2. Análise de dados
3. Tomada de decisões
4. Habilidades interpessoais e da equipe
5. Análise de produto

3 Saídas
1. Especificação do escopo do projeto
2. Atualização de documentos do projeto

5.4 Criar a EAP

1 Entradas
1. Plano de gerenciamento do projeto
2. Documentos do projeto
3. Fatores ambientais da empresa
4. Ativos de processos organizacionais

2 Ferramentas e técnicas
1. Opinião especializado
2. Decomposição

3 Saídas
1. Linha de base do escopo
2. Atualização de documentos do projeto

5.5 Validar o Escopo

1 Entradas
1. Plano de Gerenciamento do projeto
2. Documentos do projeto
3. Entregas verificadas
4. Dados de desempenho do trabalho

2 Ferramentas e técnicas
1. Inspeção
2. Tomadas de decisões

3 Saídas
1. Entregas aceitas
2. Informações sobre o desempenho do trabalho
3. Solicitações de mudança
4. Atualizações de documentos do projeto

5.6 Controlar o Escopo

1 Entradas
1. Plano de gerenciamento do projeto
2. Documentos do projeto
3. Dados de desempenho do trabalho
4. Ativos de processos organizacionais

2 Ferramentas e técnicas
1. Análise de dados

3 Saídas
1. Informações sobre o desempenho do trabalho
2. Solicitações de mudança
3. Atualização do plano de gerenciamento do projeto
4. Atualização de documentos do projeto

Fonte: PMBOK, 2017.

1.1 Planejar o Gerenciamento do Escopo

Planejar o Gerenciamento do Escopo é o processo de criar um plano de gerenciamento do escopo do projeto que **documenta** como tal escopo será definido, validado e controlado. O principal benefício desse processo é o fornecimento de orientação e instruções sobre como o escopo será gerenciado ao longo de todo o projeto (PMBOK, 2017). A figura abaixo demonstra o diagrama do Fluxo de Dados desse processo.

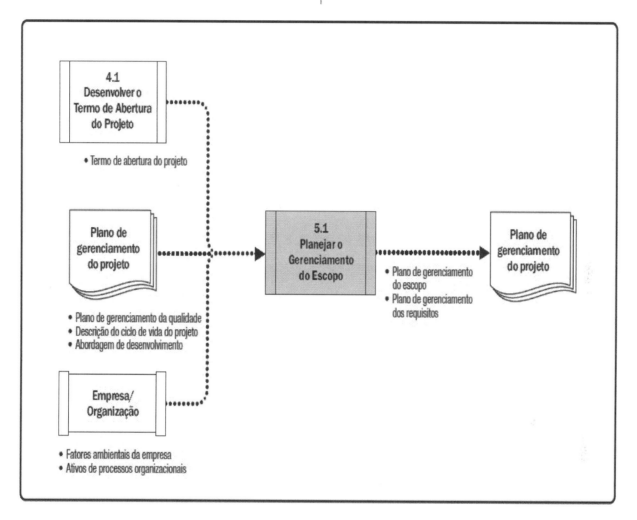

Fonte: PMBOK, 2017.

As entradas são o **termo de abertura do projeto** que, como vimos, é o documento que apresenta o objetivo, a descrição detalhada, as restrições e os requisitos de alto nível que o projeto pretende satisfazer, **o plano de gerenciamento do projeto**, que inclui o plano de gerenciamento da qualidade, do ciclo de vida e a abordagem do desenvolvimento, entre outros itens, os **fatores ambientais da empresa** que podem influenciar o escopo como sua cultura/organização, infraestrutura, e administração de pessoal, entre outras, e, por fim os **ativos de processos organizacionais** como as políticas e os procedimentos e os repositórios das informações históricas e das lições aprendidas.

Nesse processo, como ferramentas e técnicas, utiliza-se a opinião especializada e a *expertise* da equipe de projeto, a análise de dados que, nesse caso pode ser a análise de alternativas existentes. Utiliza-se também reuniões entre a equipe do projeto para desenvolver o plano de gerenciamento de escopo, conforme a necessidade.

Ao final, esse processo tem como saídas o plano de gerenciamento de escopo e o plano de gerenciamento de requisitos. O plano de gerenciamento do escopo é um componente do plano de gerenciamento do projeto que descreve como o escopo será definido, desenvolvido, monitorado, controlado e validado. Os componentes de um plano de gerenciamento do escopo incluem:

- O processo de preparação da declaração do escopo do projeto;
- O processo que possibilita a criação da EAP a partir da declaração do escopo do projeto detalhada;
- O processo que define como a linha de base do escopo será aprovada e mantida;
- O processo que especifica como será obtida a aceitação formal das entregas do projeto concluídas.

O plano de gerenciamento dos requisitos é um componente do plano de gerenciamento do projeto que descreve como os requisitos de projeto e produto serão analisados, documentados e gerenciados.

1.2 Coletar os Requisitos

Coletar os Requisitos é o processo de determinar, documentar e gerenciar as necessidades e requisitos das partes interessadas, a fim de atender aos objetivos do projeto. O principal benefício desse processo é o fornecimento da base para definição e gerenciamento do escopo do projeto, incluindo o escopo do produto (PMBOK, 2017).

REQUISITO: Uma condição ou capacidade que deve necessariamente estar presente em um produto, serviço ou resultado para atender a uma necessidade de negócios.

Os requisitos incluem condições ou capacidades que devem estar presentes em um produto, serviço ou resultado, para cumprir um acordo, ou outra especificação imposta formalmente. Os requisitos incluem as necessidades quantificadas e documentadas e as expectativas do patrocinador, do cliente e de outras partes interessadas (PMBOK, 2017). Esses requisitos precisam ser obtidos, analisados e registrados com detalhes suficientes para serem incluídos na linha de base do escopo e medidos, uma vez, a execução do projeto inicie. Os requisitos tornam-se a base da EAP. O planejamento de custo, cronograma, qualidade e aquisições, baseiam-se nesses requisitos.

Nesse processo, vamos destacar dois elementos de saída: documentação de requisitos e a matriz de rastreabilidade de requisitos. A documentação de requisitos descreve **como** os requisitos individuais atendem às necessidades do negócio para o projeto. Os requisitos podem começar em um alto nível e tornarem-se progressivamente mais detalhados, conforme mais informações sobre estes são conhecidos.

A matriz de rastreabilidade dos requisitos é uma tabela que **liga** os requisitos de produto desde as suas origens até as entregas que os satisfazem. A utilização de uma matriz de rastreabilidade **ajuda a garantir que cada requisito adiciona valor de negócio** através da sua ligação aos objetivos de negócio e aos objetivos do projeto. Ela fornece um meio de rastreamento do início ao fim do ciclo de vida do projeto, ajudando a garantir que os requisitos aprovados na documentação sejam entregues no final(PMBOK, 2017). Abaixo apresentamos um modelo de uma matriz de rastreabilidade de requisitos:

Matriz de rastreabilidade dos requisitos								
Nome do projeto:								
Centro de custos:								
Descrição do projeto:								
ID	ID do Associado	Descrição dos requisitos	Necessidades, oportunidades, metas e objetivos de negócio	Objetivos do projeto	Entregas da EAP	Design do produto	Desenvolvimento do produto	Casos de teste
001	1.0							
	1.1							
	1.2							
	1.2.1							
002	2.0							
	2.1							
	2.1.1							
003	3.0							
	3.1							
	3.2							
004	4.0							
005	5.0							

Fonte: PMBOK, 2017.

1.3 Definir o Escopo

Definir o escopo é o processo de desenvolvimento de uma descrição detalhada do projeto e do produto. O principal benefício desse processo é que ele descreve os limites do produto, serviço ou resultado e os critérios para aceitação. Nessa etapa seleciona-se os requisitos finais do projeto a partir da documentação desenvolvida durante o processo Coletar Requisitos para, em seguida, descrever detalhadamente o projeto, produto, serviço ou resultado.

A preparação detalhada da especificação do escopo é crítica para o sucesso do projeto e baseia-se nas entregas principais, premissas e restrições que são documentadas durante a iniciação do projeto. Nesse processo, um elemento de saída é **a declaração do escopo do projeto,** que é a descrição do seu escopo das principais entregas, premissas e restrições (PMBOK, 2017).

Essa saída documenta todo o escopo, incluindo o do projeto e do produto. Descreve detalhadamente as entregas do projeto e o trabalho necessário para criá-las. Fornece também um entendimento comum do escopo do projeto entre as partes interessadas (PMBOK, 2017). Pode conter exclusões explícitas do escopo que podem auxiliar o gerenciamento das expectativas das partes interessadas. Possibilita que a equipe do projeto realize um planejamento mais detalhado, orienta o trabalho durante a execução e fornece a linha de base para avaliar se as solicitações de mudança ou trabalho adicional estão contidos no escopo, ou são externos aos limites do projeto. Abaixo o PMBOK apresenta alguns dos principais elementos do Termo de Abertura do Projeto e da Declaração do Escopo do Projeto.

Termo de abertura do projeto

Finalidade do projeto

Objetivos mensuráveis do projeto e critérios de sucesso relacionados

Requisitos de alto nível

Descrição de alto nível do projeto, limites e principais entregas

Risco geral do projeto

Cronograma de marcos resumido

Recursos financeiros pré-aprovados

Lista das partes interessadas principais

Requisitos para aprovação do projeto (ou seja, o que constitui o sucesso do projeto, quem decide se o projeto é bem sucedido e quem autoriza o encerramento do projeto)

Critérios de término do projeto (ou seja, quais são as condições que devem ser cumpridas para encerrar ou cancelar o projeto ou fase)

Gerente do projeto designado, responsabilidade e nível de autoridade

Nome e autoridade do patrocinador ou outra(s) pessoa(s) que autoriza(m) o termo de abertura do projeto

Especificação do escopo do projeto

Descrição do escopo do projeto (elaborada progressivamente)

Entregas do projeto

Critérios de aceitação

Exclusões do projeto

Fonte: PMBOK, 2017.

1.4 Criar a Estrutura Analítica do Projeto (EAP)

A Estrutura Analítica do Projeto (EAP) é uma **decomposição hierárquica** do escopo total do trabalho a ser executado pela equipe do projeto a fim de atingir os objetivos e criar as entregas requeridas (PMBOK, 2017). A EAP **organiza** e **define** o escopo total do projeto e representa o trabalho especificado na atual declaração do escopo do projeto aprovada.

Criar a EAP é o processo de subdivisão das entregas e do trabalho do projeto em componentes menores e mais facilmente gerenciáveis, ou seja, o trabalho planejado é contido dentro dos componentes de nível mais baixo da EAP, que são chamados de pacotes de trabalho (PMBOK, 2017).

O principal benefício desse processo é o fornecimento de uma visão estruturada do que deve ser entregue. Abaixo apresentamos um exemplo de EAP com entregas principais para um sistema de aeronave.

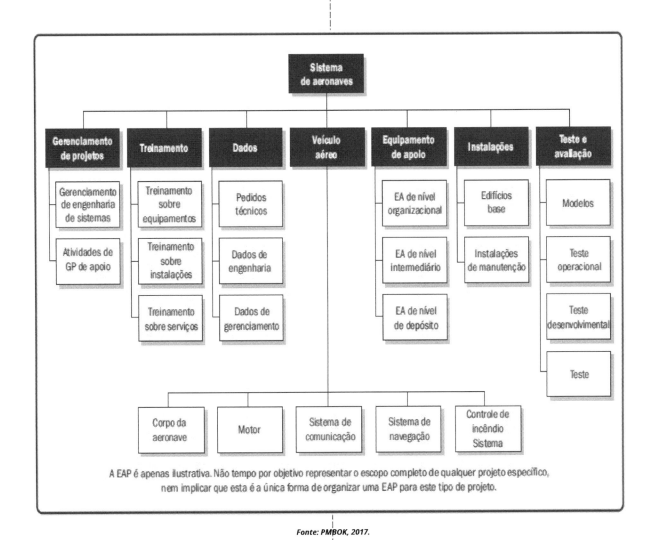

A EAP é apenas ilustrativa. Não tempo por objetivo representar o escopo completo de qualquer projeto específico, nem implicar que esta é a única forma de organizar uma EAP para este tipo de projeto.

Fonte: PMBOK, 2017.

1.5 Validar o Escopo e Controlar o Escopo

Aqui, vamos analisar dois processos diferentes: Validar o Escopo e Controlar o Escopo (PMBOK, 2017).

- Validar o Escopo: processo de **formalização da aceitação das entregas** concluídas do projeto. **Benefício**: proporciona objetividade ao processo de aceitação e aumenta a probabilidade da aceitação final do produto, serviço ou resultado, através da validação de cada entrega.

- Controlar o Escopo: processo de **monitoramento do progresso do escopo** do projeto e do escopo do produto e gerenciamento das mudanças feitas na linha de base do escopo. **Benefício**: permitir que a linha de base do escopo seja mantida ao longo de todo o projeto.

2- Gerenciamento do Cronograma

O gerenciamento do cronograma nada mais é do que o gerenciamento do TEMPO do projeto, ou seja, são os processos necessários para assegurar que o projeto será implementado no prazo previsto. A figura abaixo apresenta os processos de gerenciamento do tempo do projeto, mostrando suas entradas, ferramentas e técnicas e saídas:

Visão Geral do Gerenciamento do Cronograma do Projeto

6.1 Planejar o Gerenciamento do Cronograma

.1 Entradas
  .1 Termo de abertura do projeto
  .2 Plano de gerenciamento do projeto
  .3 Fatores ambientais da empresa
  .4 Ativos de processos organizacionais

.2 Ferramentas e técnicas
  .1 Opinião especializada
  .2 Análise de dados
  .3 Reuniões

.3 Saídas
  .1 Plano de gerenciamento do cronograma

6.2 Definir as Atividades

.1 Entradas
  .1 Plano de gerenciamento do projeto
  .2 Fatores ambientais da empresa
  .3 Ativos de processos organizacionais

.2 Ferramentas e técnicas
  .1 Opinião especializada
  .2 Decomposição
  .3 Planejamento em ondas sucessivas
  .4 Reuniões

.3 Saídas
  .1 Lista de atividades
  .2 Atributos das atividades
  .3 Lista de marcos
  .4 Solicitações de mudança
  .5 Atualizações do plano de gerenciamento do projeto

6.3 Sequenciar as Atividades

.1 Entradas
  .1 Plano de gerenciamento do projeto
  .2 Documentos do projeto
  .3 Fatores ambientais da empresa
  .4 Ativos de processos organizacionais

.2 Ferramentas e técnicas
  .1 Método do diagrama de precedência
  .2 Integração e determinação de dependência
  .3 Antecipações e esperas
  .4 Sistema de informações de gerenciamento de projetos

.3 Saídas
  .1 Diagrama de rede do cronograma do projeto
  .2 Atualizações de documentos do projeto

6.4 Estimar as Durações das Atividades

.1 Entradas
  .1 Plano de gerenciamento do projeto
  .2 Documentos do projeto
  .3 Fatores ambientais da empresa
  .4 Ativos de processos organizacionais

.2 Ferramentas e técnicas
  .1 Opinião especializada
  .2 Estimativa análoga
  .3 Estimativa paramétrica
  .4 Estimativa de três pontos
  .5 Estimativa "bottom-up"
  .6 Análise de dados
  .7 Tomada de decisões
  .8 Reuniões

.3 Saídas
  .1 Estimativas de duração
  .2 Bases das estimativas
  .3 Atualizações de documentos do projeto

6.5 Desenvolver o Cronograma

.1 Entradas
  .1 Plano de gerenciamento do projeto
  .2 Documentos do projeto
  .3 Acordos
  .4 Fatores ambientais da empresa
  .5 Ativos de processos organizacionais

.2 Ferramentas e técnicas
  .1 Análise de rede do cronograma
  .2 Método do caminho crítico
  .3 Otimização de recursos
  .4 Análise de dados
  .5 Antecipações e esperas
  .6 Compressão do cronograma
  .7 Sistema de informações de gerenciamento de projetos
  .8 Planejamento ágil de grandes entregas

.3 Saídas
  .1 Linha de base do cronograma
  .2 Cronograma do projeto
  .3 Dados do cronograma
  .4 Calendários do projeto
  .5 Solicitações de mudança
  .6 Atualizações do plano de gerenciamento do projeto
  .7 Atualizações de documentos do projeto

6.6 Controlar o Cronograma

.1 Entradas
  .1 Plano de gerenciamento do projeto
  .2 Documentos do projeto
  .3 Dados de desempenho do trabalho
  .4 Ativos de processos organizacionais

.2 Ferramentas e técnicas
  .1 Análise de dados
  .2 Método do caminho crítico
  .3 Sistema de informações de gerenciamento de projetos
  .4 Otimização de recursos
  .5 Antecipações e esperas
  .6 Compressão do cronograma

.3 Saídas
  .1 Informações sobre o desempenho do trabalho
  .2 Previsões do cronograma
  .3 Solicitações de mudança
  .4 Atualizações do plano de gerenciamento do projeto
  .5 Atualizações de documentos do projeto

Fonte: PMBOK, 2017.

Para o PMBOK (2017), os processos do Gerenciamento do Cronograma do Projeto são:

1) **Planejar o Gerenciamento do Cronograma**: o processo de estabelecer as políticas, os procedimentos e a documentação para o planejamento, desenvolvimento, gerenciamento, execução e controle do cronograma do projeto. Esse processo tem como principal benefício o fornecimento de orientação e instruções sobre como o cronograma do projeto será gerenciado ao longo de todo o projeto. Como entrada, o termo de abertura do projeto apresenta o resumo do cronograma de marcos que influenciarão o gerenciamento do cronograma do projeto, já o plano de gerenciamento do projeto inclui, entre outros, o plano de gerenciamento do escopo e a abordagem de desenvolvimento. Como saída, o plano de gerenciamento do cronograma é um componente do plano de gerenciamento do projeto podendo ser formal ou informal, altamente detalhado ou generalizado, baseado nas necessidades do projeto, e incluindo os limites de controle apropriados.

O plano de gerenciamento do cronograma define como as contingências do cronograma serão reportadas e avaliadas. Pode ser atualizado para refletir uma mudança na maneira como o cronograma é gerenciado.

2) **Definir as Atividades**: o processo de identificação e documentação das ações específicas a serem realizadas para produzir as entregas do projeto. Neste processo, uma das ferramentas utilizadas é o planejamento em ondas sucessivas que é uma forma de elaboração progressiva. Nesta técnica de planejamento iterativo, o trabalho a ser executado a curto prazo é planejado em detalhe, ao passo que o trabalho no futuro é planejado em um nível mais alto. Assim, um trabalho pode existir em vários níveis de detalhamento dependendo de onde está no ciclo de vida do projeto. Durante o planejamento estratégico inicial, quando a informação está menos definida, os pacotes de trabalho podem ser decompostos até o nível conhecido de detalhe. Conforme mais é conhecido a respeito dos eventos que estão para acontecer, os pacotes podem ser decompostos em atividades.

3) **Sequenciar as Atividades:** o processo de identificação e documentação dos relacionamentos entre as atividades do projeto, todas as atividades, com exceção da primeira e da última, devem ser conectadas a pelo menos uma atividade predecessora e uma atividade sucessora com um relacionamento lógico apropriado.

Para a construção desse modelo de cronograma em que as atividades são representadas por nós e ligadas graficamente, utiliza-se como ferramenta e técnica o Método do Diagrama de Precedência (MDP). O MDP inclui quatro tipos de dependências ou relacionamentos lógicos. Uma atividade predecessora é uma atividade que logicamente vem antes de uma atividade dependente em um cronograma. Uma atividade sucessora é uma atividade dependente que logicamente vem depois de outra atividade em um cronograma (PMBOK, 2017).

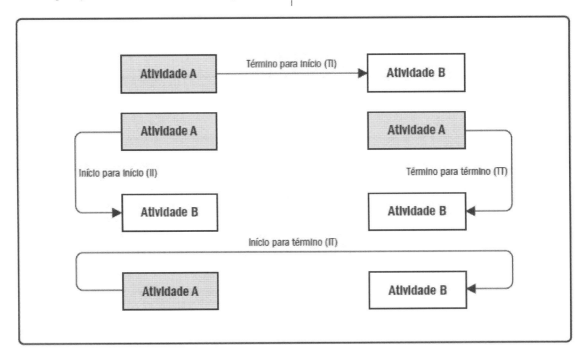

Fonte: PMBOK, 2017.

- Término para início (TI). Um relacionamento lógico em que uma atividade sucessora não pode começar até que uma atividade predecessora tenha terminado. Por exemplo, a instalação do sistema operacional em um PC (sucessora) não pode começar até que o hardware do PC seja montado (antecessora).
- Término para término (TT). Um relacionamento lógico em que uma atividade sucessora não pode terminar até que a atividade predecessora tenha terminado. Por exemplo, a redação de um documento (predecessora) deve ser terminada antes que o documento seja editado (sucessora).
- Início para início (II). Um relacionamento lógico em que uma atividade sucessora não pode ser iniciada até que uma atividade predecessora tenha sido iniciada. Por exemplo, o nivelamento do concreto (sucessora) não pode ser iniciado até que a colocação da fundação (predecessora) seja iniciada.
- Início para término (IT). Um relacionamento lógico em que uma atividade sucessora não pode ser terminada até que uma atividade predecessora tenha sido iniciada. Por exemplo, um novo sistema de contas a pagar (sucessor) tem que começar antes que o velho sistema de contas a pagar (predecessor) possa ser desativado (PMBOK, 2017).

4) **Estimar as Durações das Atividades:** O processo de estimativa do número de períodos de trabalho que serão necessários para terminar atividades individuais com os recursos estimados. O principal benefício deste processo é fornecer a quantidade de tempo necessária para concluir cada atividade, o que é uma entrada muito importante no processo Desenvolver o Cronograma (PMBOK, 2017).

Para esse processo, algumas técnicas e ferramentas merecem destaque.

A **estimativa análoga** é uma técnica de estimativa de duração ou custo de uma atividade ou de um projeto que usa dados históricos de uma atividade ou projeto semelhante. A estimativa análoga usa parâmetros de um projeto anterior semelhante, tais como duração, orçamento, tamanho, peso e complexidade como base para a estimativa dos mesmos parâmetros ou medidas para um projeto futuro.

A **estimativa paramétrica** é uma técnica de estimativa em que um algoritmo é usado para calcular o custo ou a duração com base em dados históricos e parâmetros do projeto. A estimativa paramétrica utiliza uma relação estatística entre dados históricos e outras variáveis (por exemplo, metros quadrados em construção) para calcular uma estimativa para parâmetros da atividade, tais como custo, orçamento e duração (PMBOK, 2017).

A **estimativa de três pontos** ajuda a definir uma faixa aproximada para a duração de uma atividade: mais provável (tM), otimista (tO) e pessimista (tP). Dependendo dos valores de distribuição pressupostos na faixa das três estimativas, a duração esperada, tE, pode ser calculada como:

$$tE = \frac{tO + tM + tP}{3}$$

A estimativa "*bottom-up*" é um método de estimativa da duração ou custo do projeto pela agregação das estimativas dos componentes de nível mais baixo da estrutura analítica do projeto (EAP).

Quando a duração de uma atividade não pode ser estimada com um grau razoável de confiança, o trabalho dentro da atividade é decomposto em mais detalhes.

5) **Desenvolver o Cronograma:** O processo de análise de sequências de atividades, durações, requisitos de recursos e restrições de cronograma para criar o modelo de cronograma do projeto para execução, monitoramento e controle.

É possível destacar algumas ferramentas e técnicas desse processo (PMBOK, 2017):

- Método do caminho crítico: usado para estimar a duração mínima do projeto e determinar o grau de flexibilidade nos caminhos lógicos da rede dentro do modelo do cronograma. Esta técnica de análise de rede do cronograma calcula as datas de início e término mais cedo e início e término mais tarde, para todas as atividades, sem considerar quaisquer limitações de recursos, executando uma análise dos caminhos de ida e de volta através da rede do cronograma.

O caminho crítico é a sequência de atividades que representa o caminho mais longo de um projeto, que determina a menor duração possível do projeto. Ou seja, o método do caminho crítico identifica a sequência de atividades na qual, caso uma delas atrase, todo o projeto estará atrasado, em outras palavras, a sequência das atividades que não tem folga.

A figura abaixo é um exemplo de Método do Caminho Crítico. Vejam:

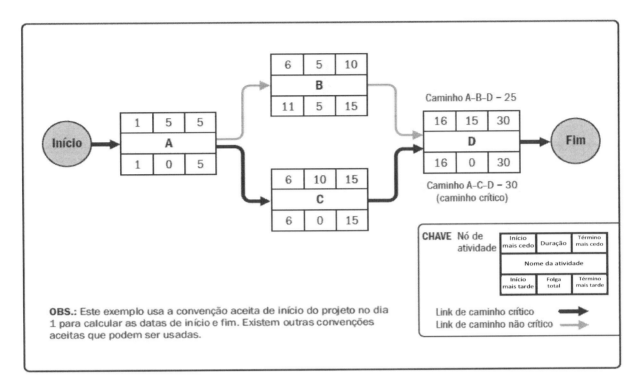

Fonte: PMBOK, 2017.

- Otimização de recursos: usada para ajustar as datas de início e término das atividades para que o uso de recursos planejados seja igual ou menor do que a disponibilidade dos recursos. Incluem o nivelamento de recurso (as datas de início e término são ajustadas com base nas restrições de recursos, com o objetivo de equilibrar a demanda e a oferta de recursos) e a estabilização de recursos (ajuste das atividades de um modelo de cronograma para que os requisitos de recursos do projeto não excedam certos limites predefinidos).
- Compressão do cronograma (ferramentas e técnicas): usadas para encurtar a duração sem reduzir o escopo do projeto, a fim de cumprir as restrições do cronograma, as datas impostas, ou outros objetivos do cronograma. Incluem a compressão (usa menor custo incremental através da adição de recursos) e o paralelismo (as atividades ou fases normalmente executadas sequencialmente são executadas paralelamente durante, pelo menos, uma parte da sua duração).

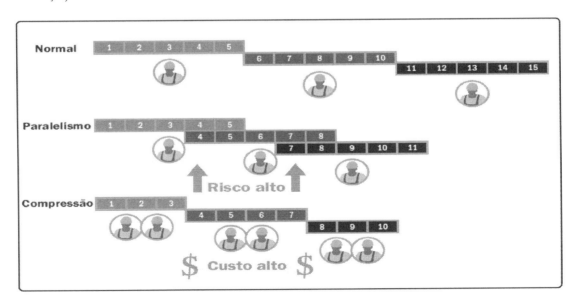

Fonte: PMBOK, 2017.

6) **Controlar o Cronograma:** O processo de monitorar o *status* do projeto para atualizar o cronograma do projeto e gerenciar mudanças na linha de base dele. O principal benefício deste processo é fornecer os meios de se reconhecer o desvio do planejado e tomar medidas corretivas e preventivas, minimizando assim o risco.

Retomando a aula

Ao final desta quarta aula, vamos recordar sobre o que aprendemos até aqui.

1 - Gerenciamento do Escopo

Nesta seção, vimos que escopo é a finalidade, o alvo ou o intento que foi estabelecido como meta final. O escopo é o objetivo que se pretende atingir, é sinônimo de fim, propósito ou desígnio. Assim, em um projeto, o gerenciamento do Escopo inclui os processos necessários para assegurar que o projeto inclua todo o trabalho, e apenas o necessário, para que esse projeto tenha êxito.

2 - Gerenciamento do Cronograma

Nesta seção, aprendemos que o gerenciamento do cronograma nada mais é do que o gerenciamento do TEMPO do projeto, ou seja, são os processos necessários para assegurar que o projeto ser implementado no prazo previsto.

Vale a pena

◀ Vale a pena **ler**

KERZNER, Harold. *Gestão de projetos*: as melhores práticas. 3. ed. Porto Alegre: Bookman, 2017.

MENEZES, Luís César de Moura. *Gestão de projetos*. 4. ed. São Paulo: Atlas, 2018.

PMI. Um guia de conhecimento em gerenciamento de projetos. *Guia PMBOK* 6º. ed. - EUA: Project Management Institute, 2017.

CARVALHO, Marly Monteiro de; RABECHINI JR., Roque. *Fundamentos em gestão de projetos:* construindo competências para gerenciar projetos. 4. ed. São Paulo: Atlas, 2017.

CLEMENTS, James P.; GIDO, Jack. *Gestão de projetos*. São Paulo: Cengage Learning, 2017.

KEELLING, Ralph; MOREIRA, Cid Knipel. *Gestão de projetos*: uma abordagem global. São Paulo: Saraiva, 2002.

OLIVEIRA, Guilherme Bueno de. *MS project & gestão de projetos*. São Paulo: Pearson Makron Books, 2005.

VALERIANO, Dalton L. *Gerência em projetos*: pesquisa, desenvolvimento e engenharia. São Paulo: Makron Books do Brasil, 2014.

◀ Vale a pena **assistir**

Entenda o Escopo do PMBOK em tempo recorde. Disponível em: https://www.youtube.com/watch?v=9zkVaRUHZcc. Acesso em: 05/02/2021.

Gestão de Escopo. Disponível em: https://www.youtube.com/watch?v=ZnjFaBgUQWA. Acesso em: 05/02/2021.

Plano de Gerenciamento do Escopo: como fazer na prática. Disponível em: https://www.youtube.com/watch?v=2VkHiVE3JQQ. Acesso em: 05/02/2021.

Escopo do Projeto. Disponível em: https://www.youtube.com/watch?v=Xu_y81Ut3fs

O que é Gerenciamento do Cronograma. Disponível em: https://www.youtube.com/watch?v=gk0qZgmTDyI. Acesso em: 05/02/2021.

O que é Plano de Gerenciamento do Cronograma. Como fazer na prática. Disponível em: https://www.youtube.com/watch?v=AdHNveY-Zr8. Acesso em: 05/02/2021.

Entenda a área de TEMPO (Cronograma) do PMBOK em tempo recorde. Disponível em: https://www.youtube.com/watch?v=GWvHJnWxjeE. Acesso em: 05/02/2021.

Gerenciamento do Cronograma do Projeto – Gestão de Projetos – Cap. 6 – PMBOK. Disponível em: https://www.youtube.com/watch?v=4xRHYfD5PH0. Acesso em: 05/02/2021.

Minhas anotações

_____

_____

_____

_____

_____

_____

_____

_____

_____

Minhas anotações

Aula 5º

Gerenciamento dos Custos do Projeto

Prezados(as) estudantes:

Nesta aula, vamos entender o conceito e os processos envolvidos no gerenciamento dos Custos do Projeto. Todo esse material é baseado no Guia PMBOK, um guia de conhecimento de gerenciamento de projetos que apresenta as melhores práticas aplicadas na maior parte do tempo, na maioria dos projetos, independentemente da natureza deste. O Guia PMBOK é uma publicação do Project Manangement Institute (PMI) e é atualizado de 4 em 4 anos.

Ao final do guia, apresentaremos uma versão completa dos fluxos de processos do Guia PMBOK elaborado pelo professor Ricardo Vargas, disponível em: Fluxo de Processos do PMBOK® – Ricardo Viana Vargas (ricardo-vargas.com).

Vamos, primeiramente, ver quais são os objetivos e as seções de estudo que serão desenvolvidas nesta aula. Bom trabalho!

Bons estudos!

Objetivos de aprendizagem

Ao término desta aula, vocês serão capazes de:

- definir o que é gerenciamento dos custos;
- entender o processo de estimar os custos;
- identificar os processos de determinar e controlar os custos.

Seções de estudo

1- Planejar o Gerenciamento de Custos
2- Estimar os Custos
3- Determinar o Orçamento
4- Controlar os Custos

O gerenciamento dos custos do projeto inclui os processos usados em planejamento, estimativa, orçamento, financiamento, gerenciamento e controle dos custos, para que o projeto possa ser realizado dentro do orçamento aprovado. Os processos de Gerenciamento dos Custos do Projeto são (PMBOK, 2017):

- Planejar o Gerenciamento dos Custos: O processo de definir como os custos do projeto serão estimados, orçados, gerenciados, monitorados e controlados.
- Estimar os Custos: O processo de desenvolver uma aproximação dos recursos monetários necessários para terminar o trabalho do projeto.
- Determinar o Orçamento: Processo que agrega os custos estimados de atividades individuais ou pacotes de trabalho para estabelecer uma linha de base dos custos autorizada.
- Controlar os Custos: O processo de monitoramento do *status* do projeto para atualizar custos e gerenciar mudanças da linha de base dos custos.

Em alguns projetos, especialmente aqueles com menor escopo, a estimativa e orçamento de custos estão

tão firmemente interligados que podem ser vistos como um processo único, que pode ser realizado por uma pessoa num período de tempo relativamente curto. Esses processos estão aqui apresentados como processos distintos, pois as ferramentas e técnicas de cada um deles são diferentes. A habilidade de influenciar o custo é maior nos estágios iniciais do projeto, tornando crítica a definição inicial do escopo (PMBOK, 2017).

O Gerenciamento dos Custos do Projeto preocupa-se principalmente com o custo dos recursos necessários para completar as atividades do projeto. O Gerenciamento dos Custos do Projeto deve considerar o efeito das decisões do projeto no custo recorrente subsequente do uso, manutenção e suporte do produto, serviço ou resultado do projeto (PMBOK, 2017).

Por exemplo, limitar o número de revisões do design pode reduzir o custo do projeto, mas poderia aumentar os custos operacionais resultantes do produto. Outro aspecto do gerenciamento de custos é reconhecer que diferentes partes interessadas medem os custos do projeto de maneiras diferentes, em tempos diferentes. Por exemplo, o custo de um item adquirido pode ser medido quando a decisão de contratação é tomada ou comprometida, o pedido é feito, o item é entregue, ou o custo real é incorrido ou registrado para fins de contabilidade do projeto. Em muitas organizações, o prognóstico e análise do desempenho financeiro do produto do projeto é realizado fora do projeto (PMBOK, 2017). Em outras, como projeto de facilidades de capital, o Gerenciamento dos Custos do Projeto pode incluir esse trabalho. Quando esses prognósticos e análises são incluídos, o Gerenciamento dos Custos do Projeto pode abordar processos adicionais e muitas técnicas gerais de gerenciamento como retorno do investimento, fluxo de caixa descontado e análise da recuperação do investimento.

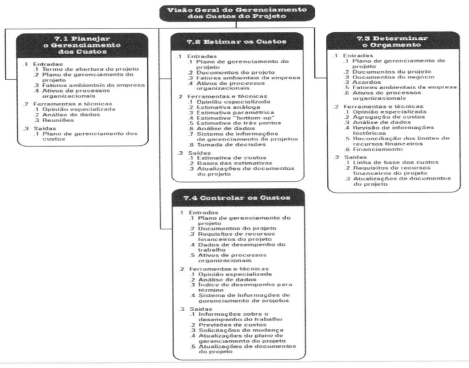

Fonte: PMBOK, 2017.

Nesse aspecto, no Gerenciamento dos Custos do Projeto, as tendências incluem a expansão do gerenciamento do valor agregado (GVA), para incluir o conceito de prazo agregado (PA). PA é uma extensão da teoria e prática de GVA. A teoria do prazo agregado substitui as medidas da variação de prazos usadas no tradicional GVA (valor agregado—valor planejado) com PA e o tempo real (TR). Usando a equação alternativa para calcular a variação de prazos, PA - TR, se a quantidade de prazo agregado for maior que zero, o cronograma do projeto será considerado adiantado. Em outras palavras, o projeto ganhou mais do que o planejado em determinado ponto no tempo.

O índice de desempenho de prazos (IDP) usando métricas de prazo agregado é PA/TR. Isto indica a eficiência com a qual o trabalho está sendo realizado. A teoria do prazo agregado também fornece fórmulas para prever a data de conclusão do projeto usando prazo agregado, tempo real e duração estimada (PMBOK, 2017).

1- Planejar o Gerenciamento de Custos

Planejar o Gerenciamento dos Custos é o processo de definir como os custos do projeto serão estimados, orçados, gerenciados, monitorados e controlados.

O principal benefício desse processo é o fornecimento de orientações e instruções sobre como os custos do projeto serão gerenciados ao longo de todo o projeto. O esforço de planejamento do gerenciamento de custo ocorre no início do planejamento do projeto e define a estrutura de cada um dos processos de gerenciamento de custos, para que o desempenho dos processos seja eficiente e coordenado (PMBOK, 2017).

O plano de gerenciamento dos custos é um componente do plano de gerenciamento do projeto e descreve como os custos do projeto serão planejados, estruturados e controlados. Os processos de gerenciamento dos custos do projeto e suas ferramentas e técnicas associadas são documentados no plano de gerenciamento dos custos.

2 - Estimar os Custos

Estimar os Custos é o processo de desenvolvimento de uma estimativa dos recursos monetários necessários para executar as atividades do projeto.

O principal benefício desse processo é a definição dos custos exigidos para concluir os trabalhos do projeto. As estimativas de custo são um prognóstico baseado na informação conhecida num determinado momento (PMBOK, 2017).

As estimativas dos custos incluem a identificação e a consideração das alternativas de custo para iniciar e terminar o projeto. Compensações de custos e riscos devem ser consideradas, tais como fazer *versus* comprar, comprar *versus* alugar, e o compartilhamento de recursos para alcançar custos otimizados para o projeto.

As técnicas empregadas para estimar os custos incluem aquelas utilizadas também para estimar as durações das atividades (PMBOK, 2017):

- Estimativa Análoga: dados históricos de uma atividade ou projeto semelhante;
- Estimativa Paramétrica: relação estatística entre dados históricos e outras variáveis;
- Estimativa de três pontos ou PERT: A exatidão da estimativa pontual de custos de uma atividade pode ser aperfeiçoada considerando-se a incerteza e o risco nas estimativas e usando três estimativas para definir uma faixa aproximada do custo de uma atividade:

  o Mais provável (cM). O custo da atividade, baseado num esforço de avaliação realista para o trabalho exigido e quaisquer outros gastos previstos.
  o Otimista (cO). O custo com base na análise do cenário de melhor caso da atividade.
  o Pessimista (cP). O custo com base na análise do cenário de pior caso da atividade.

Distribuição Triangular $\rightarrow cE = (cO + cM + cP)/3$

Distribuição Beta $\rightarrow cE = (cO + 4cM + cP)/6$

3- Determinar o Orçamento

O processo Determinar o Orçamento agrega os custos estimados de atividades individuais ou pacotes de trabalho para estabelecer uma linha de base dos custos autorizada.

O principal benefício desse processo é a determinação da linha de base dos custos para o monitoramento e o controle do desempenho do projeto.

Esse processo é realizado uma vez ou em pontos predefinidos no projeto.

O orçamento do projeto inclui todos as verbas autorizadas para executar o projeto.

A linha de base dos custos é a versão aprovada do orçamento do projeto ao longo do tempo, que inclui as reservas de contingência, mas exclui as reservas gerenciais. A figura abaixo representa um diagrama do fluxo de dados do processo de Determinar o Orçamento.

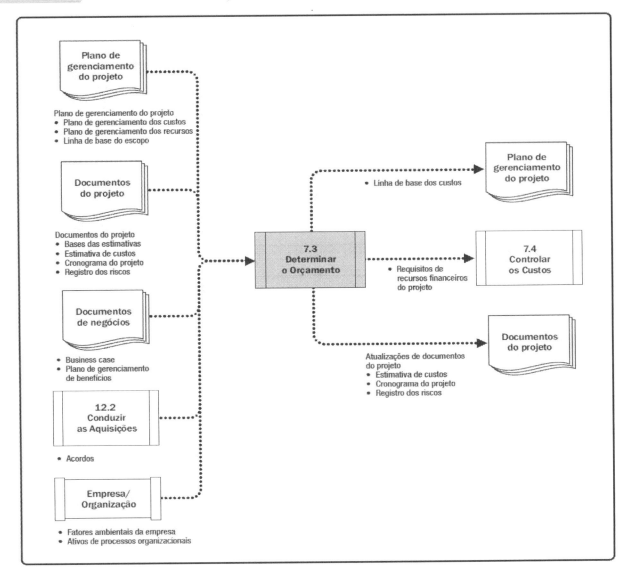

Fonte: PMBOK, 2017.

4- Controlar os Custos

Controlar os custos é o processo de monitoramento do *status* do projeto para atualizar custos e gerenciar mudanças da linha de base dos custos, ou seja, é o processo de monitoramento de como o projeto está se desenvolvendo para atualizar o seu orçamento e gerenciar as mudanças necessárias na linha de base de custos. A principal vantagem desse processo é possibilitar alternativas para reconhecer a variação do planejado buscando tomar medidas corretivas e preventivas, minimizando assim o risco.

A atualização dos custos requer o reconhecimento dos custos reais gastos até então. Logo, é essencial que o esforço nessa etapa seja a análise do relacionamento entre o consumo financeiro do projeto e o trabalho realizado com esses gastos. O controle de custos do projeto inclui (PMBOK, 2017):

- Influenciar os fatores que criam mudanças na linha de base dos custos autorizada;

- Assegurar que todas as solicitações de mudança sejam feitas de maneira oportuna;
- Gerenciar as mudanças reais quando e conforme elas ocorrem;
- Assegurar que os desembolsos de custos não excedam os recursos financeiros autorizados por período, por componente de EAP, por atividade, e no total do projeto;
- Monitorar o desempenho de custos para isolar e entender as variações a partir da linha de base dos custos aprovada;
- Monitorar o desempenho do trabalho quanto aos recursos financeiros gastos;
- Evitar que mudanças não aprovadas sejam incluídas no relatório do custo ou do uso de recursos;
- Informar as partes interessadas apropriadas a respeito de todas as mudanças aprovadas e seus custos associados e
- Trazer os excessos de custos esperados para os limites aceitáveis.

As técnicas de análise de dados utilizadas para controlar os custos são destaques nesse processo. Podemos destacar a análise de Valor Agregado (AVA) que compara a linha de base da medição do desempenho com o cronograma real e o desempenho dos custos. O Gerenciamento do Valor Agregado (GVA) integra a linha de base do escopo à linha de base dos custos e à linha de base do cronograma para formar a linha de base da medição do desempenho (PMBOK, 2017).

O GVA desenvolve e monitora três dimensões-chave de cada pacote de trabalho e conta de controle:

Valor planejado (VP): é o orçamento autorizado designado ao trabalho agendado, ou seja, é o orçamento autorizado, planejado para o trabalho a ser executado para uma atividade ou componente da estrutura analítica do projeto (EAP), sem incluir a reserva gerencial.

Valor agregado (VA): é o orçamento associado ao trabalho autorizado que foi concluído, ou seja, é a medida do trabalho executado expressa em termos de orçamento autorizado para tal trabalho. O VA é frequentemente usado para calcular o percentual realizado de um projeto (PMBOK, 2017).

Custo real (CR): é o custo realizado incorrido no trabalho executado de uma atividade, durante um período específico. É o custo total incorrido na execução do trabalho medido pelo VA.

Retomando a aula

Ao final desta quinta aula, vamos recordar sobre o que aprendemos até aqui.

1 - Planejar o Gerenciamento de Custos

Nesta seção, vimos que planejar o Gerenciamento dos Custos é o processo de definir como os custos do projeto serão estimados, orçados, gerenciados, monitorados e controlados.

2 - Estimar os Custos

Nesta seção, aprendemos que estimar os custos é o processo de desenvolver uma aproximação dos recursos monetários necessários para terminar o trabalho do projeto.

3 - Determinar o Orçamento

Nesta seção, estudamos que determinar o orçamento é o processo que agrega os custos estimados de atividades individuais ou pacotes de trabalho para estabelecer uma linha de base dos custos autorizada.

4 - Controlar os Custos

Nesta seção, vimos que controlar os custos é o processo de monitoramento do *status* do projeto para atualizar custos e gerenciar mudanças da linha de base dos custos.

Vale a pena ler

KERZNER, Harold. *Gestão de projetos*: as melhores práticas. 3. ed. Porto Alegre: Bookman, 2017.

MENEZES, Luís César de Moura. *Gestão de projetos*. 4. ed. São Paulo: Atlas, 2018.

PMI. Um guia de conhecimento em gerenciamento de projetos. *Guia PMBOK 6º*. ed. - EUA: Project Management Institute, 2017.

CARVALHO, Marly Monteiro de; RABECHINI JR., Roque. *Fundamentos em gestão de projetos*: construindo competências para gerenciar projetos. 4. ed. São Paulo: Atlas, 2017.

CLEMENTS, James P.; GIDO, Jack. *Gestão de projetos*. São Paulo: Cengage Learning, 2017.

KEELLING, Ralph; MOREIRA, Cid Knipel. *Gestão de projetos*: uma abordagem global. São Paulo: Saraiva, 2002.

OLIVEIRA, Guilherme Bueno de. *MS project & gestão de projetos*. São Paulo: Pearson Makron Books, 2005.

VALERIANO, Dalton L. *Gerência em projetos*: pesquisa, desenvolvimento e engenharia. São Paulo: Makron Books do Brasil, 2014.

Vale a pena assistir

Como elaborar o Orçamento do Projeto? Gerenciamento de Custos em Projeto. Disponível em: https://www.youtube.com/watch?v=jJiQA1tWYK4. Acesso em: 05/02/2021.

Gestão de Projetos – Gestão de Custos. Disponível em: https://www.youtube.com/watch?v=KsMm8OzJa_0. Acesso em: 05/02/2021.

Gerenciamento dos Custos do Projeto. Disponível em: https://www.youtube.com/watch?v=CpJ4FKVZOaw. Acesso em: 05/02/2021.

Orçamento do Projeto – Gerenciamento dos Custos do Projeto Guia PMBOK – Disponível em: https://www.youtube.com/watch?v=yIVm9adSnFM. Acesso em: 05/02/2021.

Entenda área de Custos do PMBOK em tempo recorde. Disponível em: https://www.youtube.com/watch?v=_ZFsJumokOQ. Acesso em: 05/02/2021.

Minhas anotações

Aula 6º

Gerenciamento da Qualidade e dos Recursos do Projeto

Prezados(as) estudantes:

Nesta aula, vamos entender os processos envolvidos no Gerenciamento da Qualidade e no Gerenciamento dos Recursos do Projeto. Todo esse material é baseado no Guia PMBOK, guia de conhecimento de gerenciamento de projetos que apresenta as melhores práticas aplicadas na maior parte do tempo, na maioria dos projetos, independentemente da natureza deste. O Guia PMBOK é uma publicação do Project Manangement Institute (PMI) e é atualizado de 4 em 4 anos.

Ao final do guia, apresentaremos uma versão completa dos fluxos de processos do Guia PMBOK elaborado pelo professor Ricardo Vargas disponível em: Fluxo de Processos do PMBOK® – Ricardo Viana Vargas, (ricardo-vargas.com).

Vamos, primeiramente, ver quais são os objetivos e as seções de estudo que serão desenvolvidas nesta aula. Bom trabalho!

— Bons estudos!

Objetivos de aprendizagem

Ao término desta aula, vocês serão capazes de:

- definir o que é gerenciamento da qualidade do projeto;
- entender os conceitos e os processos que envolvem o gerenciamento dos recursos do projeto.

1- Gerenciamento da Qualidade do Projeto

O Gerenciamento da Qualidade do Projeto inclui os processos para incorporação da **política de qualidade** da organização com relação ao **planejamento, gerenciamento** e **controle dos requisitos de qualidade** do projeto e do produto, para atender aos objetivos das partes interessadas (PMBOK, 2017).

O Gerenciamento da Qualidade do Projeto também oferece suporte às atividades de melhoria contínua de processos, quando realizadas em nome da organização executante.

São três os processos de Gerenciamento da Qualidade do Projeto: planejar, gerenciar e controlar a Qualidade. Este processo está diretamente ligado à Qualidade que o trabalho desenvolvido precisa ter ao longo de todo o projeto.

Visão Geral do Gerenciamento da Qualidade do Projeto

8.1 Planejar o Gerenciamento da Qualidade

.1 Entradas
.1 Termo de abertura do projeto
.2 Plano de gerenciamento do projeto
.3 Documentos do projeto
.4 Fatores ambientais da empresa
.5 Ativos de processos organizacionais

.2 Ferramentas e técnicas
.1 Opinião especializada
.2 Coleta de dados
.3 Análise de dados
.4 Tomada de decisões
.5 Representação de dados
.6 Planejamento de testes e inspeções
.7 Reuniões

.3 Saídas
.1 Plano de gerenciamento da qualidade
.2 Métricas da qualidade
.3 Atualizações do plano de gerenciamento do projeto
.4 Atualizações de documentos do projeto

8.2 Gerenciar a Qualidade

.1 Entradas
.1 Plano de gerenciamento do projeto
.2 Documentos do projeto
.3 Ativos de processos organizacionais

.2 Ferramentas e técnicas
.1 Coleta de dados
.2 Análise de dados
.3 Tomada de decisões
.4 Representação de dados
.5 Auditorias
.6 Design for X
.7 Solução de problemas
.8 Métodos para melhoria da qualidade

.3 Saídas
.1 Relatórios de qualidade
.2 Documentos de teste e avaliação
.3 Solicitações de mudança
.4 Atualizações do plano de gerenciamento do projeto
.5 Atualizações de documentos do projeto

8.3 Controlar a Qualidade

.1 Entradas
.1 Plano de gerenciamento do projeto
.2 Documentos do projeto
.3 Solicitações de mudança aprovadas
.4 Entregas
.5 Dados de desempenho do trabalho
.6 Fatores ambientais da empresa
.7 Ativos de processos organizacionais

.2 Ferramentas e técnicas
.1 Coleta de dados
.2 Análise de dados
.3 Inspeção
.4 Testes/avaliações de produtos
.5 Representação de dados
.6 Reuniões

.3 Saídas
.1 Medições de controle da qualidade
.2 Entregas verificadas
.3 Informações sobre o desempenho do trabalho
.4 Solicitações de mudança
.5 Atualizações do plano de gerenciamento do projeto
.6 Atualizações de documentos do projeto

Fonte: PMBOK, 2017.

As principais tendências em Gerenciamento da Qualidade do Projeto são:

Satisfação do cliente: entender, avaliar, definir e gerenciar os requisitos para que as expectativas do cliente sejam atendidas. Para isso, é necessária uma combinação de conformidade com os requisitos (para garantir que o projeto produza o que ele foi criado para produzir) e adequação ao uso (o produto ou serviço deve atender às necessidades reais).

Melhoria contínua: o ciclo planejar-fazer-verificar-agir (PDCA) é a base para a melhoria da qualidade, conforme definida por Shewhart e modificada por Deming. Além disso, as iniciativas de melhoria da qualidade – como gerenciamento da qualidade total (GQT), Seis Sigma e Lean Seis Sigma - devem aprimorar a qualidade do gerenciamento do projeto e também a qualidade do produto, serviço ou resultado final.

Responsabilidade da gerência: o sucesso exige a participação de todos os membros da equipe do projeto. A gerência, dentro de seu escopo de responsabilidade pela qualidade, detém a responsabilidade pelo fornecimento dos recursos adequados, com capacidades adequadas (PMBOK, 2017).

Parceria mutuamente benéfica com fornecedores: uma organização e seus fornecedores são interdependentes, mutuamente benéficos o que aumenta a capacidade da organização e dos fornecedores para criar valor a ambos. Os relacionamentos baseados em parceria e cooperação com o fornecedor são mais benéficos para a organização e para os fornecedores do que o gerenciamento de fornecedores tradicional.

1.1 Planejar o Gerenciamento da Qualidade

Nesta etapa será feita a identificação dos requisitos e/ou padrões da qualidade do projeto e suas entregas, além da documentação de como o projeto demonstrará a conformidade com os requisitos de qualidade. O principal benefício desse processo é o fornecimento de orientação e direcionamento sobre como a qualidade será gerenciada e verificada ao longo de todo o projeto (PMBOK, 2017).

Esse é um processo realizado paralelamente aos demais e podem ser usada as seguintes técnicas e ferramentas:

Análise de custo-benefício: ferramenta de análise financeira usadas para estimar os pontos fortes e fracos de alternativas, a fim de determinar a melhor alternativa em termos de benefícios fornecidos. Como vantagem de cumprir os requisitos de qualidade podemos citar o menor retrabalho, maior produtividade, custos mais baixos, aumento da satisfação das partes interessadas e aumento de lucratividade. Uma análise do custo-benefício para cada atividade de qualidade compara o custo da etapa de qualidade com o benefício esperado.

Custo da qualidade (CDQ): O custo da qualidade (CDQ) associado com um projeto consiste em um ou mais dos seguintes custos: custos de prevenção, custos de avaliação e custos de falha (internos/externos). Um CDQ otimizado reflete o equilíbrio apropriado por investir no custo de prevenção e avaliação para evitar custos de falhas. A figura a seguir apresenta os custos da Qualidade (PMBOK, 2017).

Vejam:

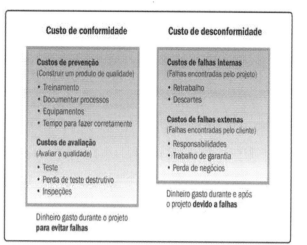

Fonte: PMBOK, 2017.

1.2 Gerenciar a Qualidade

Gerenciar a Qualidade é o processo de traduzir o plano de gerenciamento da qualidade em atividades da qualidade executáveis que incorporam as políticas da qualidade da organização no projeto. Esse processo é realizado ao longo do projeto.

Os principais benefícios desse processo são aumentar a probabilidade de cumprir os objetivos da qualidade, e também identificar processos ineficazes e causas da má qualidade. Gerenciar a Qualidade usa os dados e resultados do processo Controlar a Qualidade para refletir o *status* da qualidade geral do projeto para as partes interessadas e pode ser chamado de GARANTIA DE QUALIDADE.

Esse é um processo de todos os envolvidos no projeto, gerente do projeto, equipe do projeto, patrocinador do projeto, equipe de gerenciamento da organização executora e até mesmo o próprio cliente. O processo Gerenciar a Qualidade implementa um conjunto de ações e processos planejados e sistemáticos dentro do plano de gerenciamento da qualidade do projeto que ajuda a:

- Projetar um produto otimizado e maduro, implementando diretrizes de design específicas que abordam aspectos específicos do produto;
- Desenvolver confiança de que uma saída futura será concluída de uma forma que cumpra os requisitos e expectativas especificados por meio de ferramentas e técnicas de garantia da qualidade como auditorias da qualidade e análise de falhas;
- Confirmar que os processos da qualidade são usados e que seu uso cumpre os objetivos da qualidade do projeto;
- Aprimorar a eficiência e a eficácia dos processos e atividades para alcançar resultados e desempenho melhores, e aumentar a satisfação das partes interessadas.

As melhorias da qualidade podem ocorrer com base em conclusões e recomendações de processos de controle de qualidade, conclusões da auditoria de qualidade ou solução de problemas no processo Gerenciar a Qualidade. PDCA e Seis Sigma são duas das ferramentas mais comuns para melhoria da qualidade, usadas para analisar e avaliar oportunidades para melhoria.

- O PDCA (Plan – Do – Check – Action) é uma metodologia de gestão de origem americana desenvolvida com base em quatro etapas, que são: Planejar, executar, checar e agir. Essas quatro etapas são reproduzidas ciclicamente buscando alcançar o objetivo, melhorar os níveis de excelência, corrigir problemas e padronizar processos;
- Seis sigmas: é um conjunto de práticas que visam melhorar o desempenho dos processos dentro da organização. As cinco etapas essenciais dessa metodologia são: definir, mensurar, analisar, melhorar e controlar.

1.3 Controlar a Qualidade

Controlar a Qualidade é o processo de monitoramento e registro dos resultados da execução das atividades de qualidade para avaliar o desempenho e recomendar as mudanças necessárias. O principal benefício desse processo é verificar se as entregas e o trabalho do projeto cumprem os requisitos especificados pelas principais partes interessadas para aceitação final.

Esse controle de qualidade deve ser feito ao longo de todo o projeto para demonstrar formalmente, com dados confiáveis, que os critérios de aceitação do patrocinador e/ou do cliente foram atendidos. Esse processo se difere do Gerenciar a qualidade, pois não é um processo de execução, mas sim de MONITORAMENTO, ou seja, vai monitorar, verificar se as entregas cumprem os requisitos do projeto.

2- Gerenciamento dos Recursos do Projeto

O gerenciamento dos recursos do projeto inclui os processos para identificar, adquirir e gerenciar os recursos necessários para a conclusão bem-sucedida do projeto. Esses processos ajudam a garantir que os recursos certos estarão disponíveis para o gerente do projeto e a sua equipe na hora e no lugar certos (PMBOK, 2017). Os processos de Gerenciamento dos Recursos do Projeto são, de acordo com o PMBOK (2017):

Fonte: PMBOK, 2017.

- **Planejar o Gerenciamento dos Recursos**: processo de definir como estimar, adquirir, gerenciar e utilizar recursos físicos e de equipe. O principal benefício desse processo é definir a abordagem e o nível de esforço gerencial necessários para o gerenciamento de recursos do projeto com base no tipo e complexidade. Esse processo é realizado uma vez ou em pontos predefinidos no projeto e tem como princípio garantir que os recursos estejam disponíveis para a conclusão bem-sucedida do projeto;
- **Estimar os Recursos das Atividades**: processo de estimar recursos da equipe, o tipo e as quantidades de materiais, equipamentos e suprimentos necessários para realizar o trabalho do projeto. O principal benefício deste processo é identificar o tipo, a quantidade e as características dos recursos exigidos para concluir o projeto;
- **Adquirir Recursos**: processo de obter membros da equipe, instalações, equipamentos, materiais, suprimentos e outros recursos necessários para concluir o trabalho do projeto. O principal benefício desse processo é definir e orientar a seleção de recursos, e designá-los para as respectivas atividades;
- **Desenvolver a Equipe**: processo de melhoria de competências, da interação da equipe e do ambiente geral para aprimorar o desempenho do projeto. O principal benefício desse processo é que resulta em trabalho de equipe melhorado, habilidades interpessoais e competências aprimoradas, funcionários motivados, taxas reduzidas de rotatividade de pessoal e melhoria geral do desempenho do projeto. Esse processo é realizado ao longo do projeto.
- **Gerenciar a Equipe**: processo de acompanhar o desempenho dos membros da equipe, fornecer feedback, resolver problemas e gerenciar mudanças para otimizar o desempenho do projeto. O principal benefício desse processo é que ele influencia o comportamento da equipe, gerencia conflitos, soluciona problemas, e avalia o desempenho dos membros da equipe.
- **Controlar os Recursos**: processo de garantir que os recursos físicos atribuídos e alocados ao projeto estejam disponíveis conforme planejado, bem como monitorar o uso planejado *versus* o uso real de recursos, e executar ações corretivas, conforme necessário. O principal benefício deste processo é garantir que os recursos designados estejam disponíveis para o projeto na hora certa e no lugar certo, e sejam liberados quando não forem mais necessários. Esse processo é realizado ao longo do projeto.

Retomando a aula

Ao final desta sexta aula, vamos recordar sobre o que aprendemos até aqui.

1 - Gerenciamento da Qualidade do Projeto

Nesta seção, estudamos que o Gerenciamento da Qualidade do Projeto inclui os processos para incorporação da política de qualidade da organização com relação ao planejamento, gerenciamento e controle dos requisitos de qualidade do projeto e do produto para atender aos objetivos das partes interessadas. O Gerenciamento da Qualidade do Projeto também oferece suporte às atividades de melhoria contínua de processos quando realizadas em nome da organização executante.

2 - Gerenciamento dos Recursos do Projeto

Nesta seção, vimos que o gerenciamento dos recursos do projeto inclui os processos para identificar, adquirir e gerenciar os recursos necessários para a conclusão bem-sucedida do projeto. Esses processos ajudam a garantir que os recursos certos estarão disponíveis para o gerente do projeto e a sua equipe na hora e no lugar certos.

Vale a pena

Vale a pena ler

KERZNER, Harold. *Gestão de projetos*: as melhores práticas. 3. ed. Porto Alegre: Bookman, 2017.

MENEZES, Luís César de Moura. *Gestão de projetos*. 4. ed. São Paulo: Atlas, 2018.

PMI. Um guia de conhecimento em gerenciamento de projetos. *Guia PMBOK* 6º. ed. - EUA: Project Management Institute, 2017.

CARVALHO, Marly Monteiro de; RABECHINI JR., Roque. *Fundamentos em gestão de projetos*: construindo competências para gerenciar projetos. 4. ed. São Paulo: Atlas, 2017.

CLEMENTS, James P.; GIDO, Jack. *Gestão de projetos*. São Paulo: Cengage Learning, 2017.

KEELLING, Ralph; MOREIRA, Cid Knipel. *Gestão de projetos*: uma abordagem global. São Paulo: Saraiva, 2002.

OLIVEIRA, Guilherme Bueno de. *MS project & gestão de projetos*. São Paulo: Pearson Makron Books, 2005.

VALERIANO, Dalton L. *Gerência em projetos*: pesquisa, desenvolvimento e engenharia. São Paulo: Makron Books do Brasil, 2014.

Vale a pena **assistir,**

O que é Gerenciamento da Qualidade? Disponível em: https://www.youtube.com/watch?v=4-cMLpuNWf0. Acesso em: 05/01/2021.

Entenda a área de qualidade do PMBOK em tempo recorde. Disponível em: https://www.youtube.com/watch?v=LwCVnGq7bdQ. Acesso em: 05/01/2021.

Gestão de Projetos – Gestão de Qualidade. Disponível em: https://www.youtube.com/watch?v=YoUpZJCzrEE. Acesso em: 05/01/2021.

O que é Gerenciamento dos Recursos? Disponível em: https://www.youtube.com/watch?v=i3ylAVjSUTU. Acesso em: 05/01/2021.

O que é Gerenciamento de Recursos Humanos, Pessoas e Equipes em Projetos. Disponível em: https://www.youtube.com/watch?v=9Tphyw7Pqzs. Acesso em: 05/01/2021.

Gestão de Projetos – Gestão de Recursos Humanos. Disponível em: https://www.youtube.com/watch?v=GdQzLIOTOeE. Acesso em: 05/01/2021.

Minhas anotações

Aula 7º

Gerenciamento das Comunicações e dos Riscos do Projeto

Prezados(as) estudantes:

Nesta aula, vamos entender o conceito e os processos do gerenciamento das comunicações e dos riscos do projeto. Todo esse material é baseado no Guia PMBOK, um guia de conhecimento de gerenciamento de projetos que apresenta as melhores práticas aplicadas na maior parte do tempo, na maioria dos projetos, independentemente da natureza deste. O Guia PMBOK é uma publicação do Project Manangement Institute (PMI) e é atualizado de 4 em 4 anos.

Ao final do guia, apresentaremos uma versão completa dos fluxos de processos do Guia PMBOK elaborado pelo professor Ricardo Vargas disponível em: Fluxo de Processos do PMBOK® – Ricardo Viana Vargas, (ricardo-vargas.com).

Vamos, primeiramente, ver quais são os objetivos e as seções de estudo que serão desenvolvidas nesta aula. Bom trabalho!

Bons estudos!

Objetivos de aprendizagem

Ao término desta aula, vocês serão capazes de:

- definir o que é gerenciamento das comunicações;
- entender os processos no gerenciamento dos riscos.

Seções de estudo

1- Gerenciamento das Comunicações
2- Gerenciamento dos Riscos

1- Gerenciamento das Comunicações

O Gerenciamento das Comunicações do Projeto inclui os processos necessários para garantir que as necessidades de informações do projeto e de suas partes interessadas sejam satisfeitas, com o desenvolvimento de artefatos e a implementação de atividades projetadas para realizar a troca eficaz de informações (PMBOK, 2017). O Gerenciamento das Comunicações do Projeto consiste em duas partes.

A primeira parte é desenvolver uma estratégia para garantir que a comunicação seja eficaz para as partes interessadas.

A segunda parte é realizar as atividades necessárias para implementar a estratégia de comunicação.

Os processos de Gerenciamento das Comunicações do Projeto são:

Visão Geral do Gerenciamento das Comunicações do Projeto

10.1 Planejar o Gerenciamento das Comunicações

.1 Entradas
  .1 Termo de abertura do projeto
  .2 Plano de gerenciamento do projeto
  .3 Documentos do projeto
  .4 Fatores ambientais da empresa
  .5 Ativos de processos organizacionais

.2 Ferramentas e técnicas
  .1 Opinião especializada
  .2 Análise de requisitos das comunicações
  .3 Tecnologias de comunicações
  .4 Modelos de comunicações
  .5 Métodos de comunicação
  .6 Habilidades interpessoais e de equipe
  .7 Representação de dados
  .8 Reuniões

.3 Saídas
  .1 Plano de gerenciamento das comunicações
  .2 Atualizações do plano de gerenciamento do projeto
  .3 Atualização de documentos do projeto

10.2 Gerenciar as Comunicações

.1 Entradas
  .1 Plano de gerenciamento do projeto
  .2 Documentos do projeto
  .3 Relatórios de desempenho do trabalho
  .4 Fatores ambientais da empresa
  .5 Ativos de processos organizacionais

.2 Ferramentas e técnicas
  .1 Tecnologias de comunicações
  .2 Métodos de comunicação
  .3 Habilidades de comunicação
  .4 Sistema de informações de gerenciamento de projetos
  .5 Relatórios de projeto
  .6 Habilidades interpessoais e de equipe
  .7 Reuniões

.3 Saídas
  .1 Comunicações do projeto
  .2 Atualizações do plano de gerenciamento do projeto
  .3 Atualizações de documentos do projeto
  .4 Ativos de processos organizacionais

10.3 Monitorar as Comunicações

.1 Entradas
  .1 Plano de gerenciamento do projeto
  .2 Documentos do projeto
  .3 Dados de desempenho do trabalho
  .4 Fatores ambientais da empresa
  .5 Ativos de processos organizacionais

.2 Ferramentas e técnicas
  .1 Opinião especializada
  .2 Sistema de informações de gerenciamento de projetos
  .3 Representação de dados
  .4 Habilidades interpessoais e de equipe
  .5 Reuniões

.3 Saídas
  .1 Informações sobre o desempenho do trabalho
  .2 Solicitações de mudança
  .3 Atualizações do plano de gerenciamento do projeto
  .4 Atualizações de documentos do projeto

Fonte: PMBOK, 2017.

Comunicação é a troca de informações, intencional ou involuntária. As informações trocadas podem estar em forma de ideias, instruções ou emoções. De acordo com o PMBOK (2017), os mecanismos pelos quais as informações são trocadas podem ser:

- Em forma escrita. Físicos ou eletrônicos.
- Falados. Presenciais ou remotos.
- Formais ou informais (por exemplo, documentos formais ou em mídia social).
- Por meio de gestos. Tom de voz e expressões faciais.
- Através de mídias. Imagens, ações ou mesmo apenas a escolha de palavras.
- Escolha de palavras. Muitas vezes há mais de uma palavra para expressar uma ideia; pode haver diferenças sutis no significado de cada uma dessas palavras e expressões.

As comunicações descrevem os meios possíveis pelos quais as informações podem ser enviadas ou recebidas, seja por atividades de comunicação, como reuniões e apresentações, ou artefatos, como e-mails, mídias sociais, relatórios de projeto ou documentação de projeto.

Os gerentes de projetos passam a maior parte do tempo se comunicando com os membros da equipe e outras partes interessadas do projeto, tanto internas (em todos os níveis da organização) como externas à organização. A comunicação eficaz cria uma ponte entre as diversas partes interessadas, que podem ter diferenças culturais e organizacionais, diferentes níveis de *expertise*, perspectivas e interesses (PMBOK, 2017).

A comunicação bem-sucedida é realizada em duas partes. A primeira parte envolve **desenvolver uma estratégia de comunicação apropriada**, com base nas necessidades do projeto e nas partes interessadas dele. A partir dessa estratégia, um plano de gerenciamento das comunicações é desenvolvido para garantir que as mensagens apropriadas sejam comunicadas às partes interessadas em diversos formatos e meios, conforme definido pela estratégia de comunicação. Essas mensagens constituem as comunicações do projeto - a segunda parte da comunicação bem-sucedida. **As comunicações do projeto** são os produtos do processo de planejamento, direcionadas pelo plano de gerenciamento das comunicações, que define coleta, criação, disseminação, armazenamento, recuperação, gerenciamento, rastreamento e descarte desses artefatos de comunicação. Por fim, a estratégia de comunicação e o plano de gerenciamento das comunicações constituirão a fundação para monitorar o efeito da comunicação.

1.1 Planejar o Gerenciamento das Comunicações

Planejar o Gerenciamento das Comunicações é o processo de desenvolver uma abordagem apropriada e um plano de comunicação do projeto com base nas necessidades de informação e requisitos das partes interessadas e nos ativos organizacionais disponíveis (PMBOK, 2017). O principal benefício deste processo é a identificação e a documentação da abordagem de comunicação mais eficaz e eficiente com as partes interessadas.

Um plano de gerenciamento das comunicações eficaz que reconhece as necessidades de informação diversas das partes interessadas do projeto é desenvolvido no início do ciclo de vida do projeto. Deve ser revisado periodicamente e modificado conforme necessário, quando a comunidade de partes interessadas muda, ou no início de cada nova fase de projeto.

Na maioria dos projetos, o planejamento das comunicações é feito bem no início, durante a identificação das partes interessadas e o desenvolvimento do plano de gerenciamento do projeto.

Embora todos os projetos compartilhem a necessidade de comunicar as informações, as necessidades de informação e os métodos de distribuição podem variar muito (PMBOK, 2017). Além disso, os métodos de armazenamento, recuperação e disposição final das informações do projeto devem ser considerados e documentados durante esse processo. Os resultados do processo de Planejar o Gerenciamento das Comunicações devem ser analisados periodicamente durante o projeto e revisados conforme necessário para garantir a aplicabilidade contínua.

MODELOS DE COMUNICAÇÃO X MÉTODOS DE COMUNICAÇÃO

Os **modelos de comunicações** podem representar o processo de comunicação em sua forma linear mais básica (emissor e receptor), em uma forma mais interativa que abrange o elemento adicional de feedback (emissor, receptor e feedback), ou em um modelo mais complexo que incorpora os elementos humanos do(s) emissor(es) ou receptor(es) e tentativas de mostrar a complexidade de qualquer comunicação que envolve pessoas (PMBOK, 2017).

- Modelo de comunicações emissor/receptor básico. Esse modelo descreve a comunicação como um processo e consiste em duas partes definidas como emissor e receptor. Preocupa-se com garantir que a mensagem seja entregue, em vez de entendida. A sequência de passos de um modelo básico de comunicação é:

  o Codificação. A mensagem é codificada em símbolos, como texto, som ou algum outro meio de transmissão (envio).
  o Transmissão da mensagem. A mensagem é enviada por um canal de comunicação. A transmissão da mensagem pode ser comprometida por diversos fatores físicos, como tecnologia não familiar ou infraestrutura inadequada. Ruído e outros fatores podem estar presentes e contribuir para perda de informações na transmissão e/ou recepção da mensagem.
  o Decodificação. Os dados recebidos são convertidos pelo receptor de volta a um formato útil para o receptor.

- Exemplo de modelo de comunicações interativo. Esse modelo também descreve a comunicação como um processo que consiste em duas partes, o emissor e o receptor, mas reconhece a necessidade de garantir que a mensagem tenha sido entendida. Nesse modelo, ruído inclui quaisquer interferências ou barreiras que poderiam comprometer o entendimento da mensagem, como a distração do receptor, variações nas percepções dos receptores ou falta de conhecimento apropriado ou interesse. Os passos adicionais em um modelo de comunicação interativo são:

o Confirmação. Após receber uma mensagem, o receptor pode sinalizar (confirmar) o seu recebimento, o que não significa necessariamente que ele concorda ou compreende a mensagem - confirma apenas que foi recebida.

o Feedback/resposta. Após a mensagem recebida ser decodificada e entendida, o receptor então codifica os pensamentos e ideias em uma mensagem e em seguida a transmite de volta ao emissor original. Se o remetente perceber que o feedback corresponde à mensagem original, a comunicação foi bem-sucedida.

Há vários métodos de comunicação usados para compartilhar informações entre as partes interessadas do projeto. Esses métodos, no PMBOK (2017), podem ser classificados de um modo geral em:

- Comunicação interativa. Entre duas ou mais partes que estão realizando uma troca de informações multidirecional em tempo real. Utiliza artefatos de comunicações como reuniões, telefonemas, mensagens instantâneas, algumas formas de mídias sociais e videoconferência.

- Comunicação ativa. Encaminhada ou distribuída diretamente para destinatários específicos que precisam receber as informações. Garante que as informações sejam distribuídas, mas não que tenham realmente chegado ou tenham sido compreendidas pelo público-alvo. Os artefatos de comunicação ativa incluem cartas, memorandos, relatórios, e-mails, faxes, correios de voz, blogs e comunicados à imprensa.

- Comunicação passiva. Usada para conjuntos de informações grandes e complexos, ou para públicos grandes e requer que os destinatários acessem conteúdo a seu critério, em conformidade com procedimentos de proteção. Esses métodos incluem portais da web, sites de intranet, *e-learning*, bancos de dados de lições aprendidas ou repositórios de conhecimentos.

Diferentes abordagens devem ser aplicadas para atender às necessidades das principais formas de comunicação definidas no plano de gerenciamento das comunicações (PMBOK, 2017):

✓ Comunicação interpessoal. As informações são trocadas entre indivíduos, em geral presencialmente.
✓ Comunicação de grupos pequenos. Ocorre dentro de grupos de cerca de três a seis pessoas.
✓ Comunicação pública. Um único palestrante fala para um grupo de pessoas.
✓ Comunicação de massa. Praticamente não há vínculo entre a pessoa (ou o grupo que envia a mensagem) e os grupos grandes (às vezes anônimos) para quem as informações são direcionadas.
✓ Redes e comunicação de computação social. Apoia tendências de comunicação emergentes de muitos para muitos, suportadas pela tecnologia e mídia de computação social.

1.2 Gerenciar Comunicações

Gerenciar as comunicações é o processo de assegurar a coleta, criação, distribuição, armazenamento, recuperação, gerenciamento, monitoramento e disposição final e adequada das informações do projeto. O principal benefício desse processo é que possibilita um fluxo de informações eficiente e eficaz entre a equipe do projeto e as partes interessadas (PMBOK, 2017).

1.3 Monitorar as Comunicações

Monitorar as Comunicações é o processo de garantir que as necessidades de informação do projeto e de suas partes interessadas sejam atendidas. O principal benefício desse processo é o fluxo otimizado de informações, conforme definido no plano de gerenciamento das comunicações e no plano de engajamento das partes interessadas (PMBOK, 2017).

2- Gerenciamento dos Riscos

O gerenciamento dos riscos do projeto inclui os processos de condução do planejamento, da identificação, da análise, do planejamento das respostas, da implementação das respostas e do monitoramento dos riscos em um projeto. O gerenciamento dos riscos do projeto tem por objetivo aumentar a probabilidade e/ou o impacto dos riscos positivos e diminuir a probabilidade e/ou o impacto dos riscos negativos, a fim de otimizar as chances de sucesso do projeto.

Todos os projetos possuem riscos, pois são empreendimentos únicos com graus variados de complexidade que visam proporcionar benefícios. Fazem isso num contexto de restrições e premissas, respondendo ao mesmo tempo às expectativas das partes interessadas que podem ser conflitantes e mutáveis. As organizações devem optar por correr o risco do projeto de maneira controlada e intencional a fim de criar valor e, ao mesmo tempo, equilibrar riscos e recompensas (PMBOK, 2017).

O gerenciamento dos riscos do projeto visa identificar e gerenciar os riscos que não são considerados pelos outros processos de gerenciamento de projetos. Quando não gerenciados, esses riscos têm potencial para desviar o projeto do plano e impedir que alcance os objetivos definidos do projeto. Consequentemente, a eficácia do Gerenciamento dos Riscos do Projeto está diretamente relacionada ao seu sucesso.

Em todos os projetos existem riscos em dois níveis. Cada projeto contém riscos próprios, que podem afetar a consecução dos seus objetivos. Também é importante considerar o grau de risco a que está submetido todo o projeto, que decorre da combinação dos riscos individuais do projeto e de outras fontes de incerteza (PMBOK, 2017). Os processos de Gerenciamento dos Riscos do Projeto tratam dos dois graus de risco em projetos, definidos como abaixo:

O risco individual do projeto é um evento ou condição incerta que, se ocorrer, provocará um efeito positivo ou negativo em um ou mais objetivos do projeto.

O risco geral do projeto é o efeito da incerteza do projeto no seu todo, decorrente de todas as fontes de incerteza, incluindo riscos individuais, representando a exposição das partes interessadas às implicações de variações no resultado do projeto, sejam positivas ou negativas.

Os processos de gerenciamento dos riscos do projeto são:

Visão geral do Gerenciamento dos Riscos do Projeto

11.1 Planejar o Gerenciamento dos Riscos

.1 Entradas
.1 Termo de abertura do projeto
.2 Plano de gerenciamento do projeto
.3 Documentos do projeto
.4 Fatores ambientais da empresa
.5 Ativos de processos organizacionais

.2 Ferramentas e técnicas
.1 Opinião especializada
.2 Análise de dados
.3 Reuniões

.3 Saídas
.1 Plano de gerenciamento dos riscos

11.2 Identificar os Riscos

.1 Entradas
.1 Plano de gerenciamento do projeto
.2 Documentos do projeto
.3 Acordos
.4 Documentação de aquisições
.5 Fatores ambientais da empresa
.6 Ativos de processos organizacionais

.2 Ferramentas e técnicas
.1 Opinião especializada
.2 Coleta de dados
.3 Análise de dados
.4 Habilidades interpessoais e de equipe
.5 Listas de alertas
.6 Reuniões

.3 Saídas
.1 Registro dos riscos
.2 Relatório de riscos
.3 Atualizações de documentos do projeto

11.3 Realizar a Análise Qualitativa dos Riscos

.1 Entradas
.1 Plano de gerenciamento do projeto
.2 Documentos do projeto
.3 Fatores ambientais da empresa
.4 Ativos de processos organizacionais

.2 Ferramentas e técnicas
.1 Opinião especializada
.2 Coleta de dados
.3 Análise de dados
.4 Habilidades interpessoais e de equipe
.5 Categorização dos riscos
.6 Representação de dados
.7 Reuniões

.3 Saídas
.1 Atualizações de documentos do projeto

11.4 Realizar a Análise Quantitativa dos Riscos

.1 Entradas
.1 Plano de gerenciamento do projeto
.2 Documentos do projeto
.3 Fatores ambientais da empresa
.4 Ativos de processos organizacionais

.2 Ferramentas e técnicas
.1 Opinião especializada
.2 Coleta de dados
.3 Habilidades interpessoais e de equipe
.4 Representações da Incerteza
.5 Análise de dados

.3 Saídas
.1 Atualizações de documentos do projeto

11.5 Planejar as Respostas aos Riscos

.1 Entradas
.1 Plano de gerenciamento do projeto
.2 Documentos do projeto
.3 Fatores ambientais da empresa
.4 Ativos de processos organizacionais

.2 Ferramentas e técnicas
.1 Opinião especializada
.2 Coleta de dados
.3 Habilidades interpessoais e de equipe
.4 Estratégias para ameaças
.5 Estratégias para oportunidades
.6 Estratégias de respostas de contingência
.7 Estratégias para o risco geral do projeto
.8 Análise de dados
.9 Tomada de decisões

.3 Saídas
.1 Solicitações de mudança
.2 Atualizações do plano de gerenciamento do projeto
.3 Atualizações de documentos do projeto

11.6 Implementar Respostas aos Riscos

.1 Entradas
.1 Plano de gerenciamento do projeto
.2 Documentos do projeto
.3 Ativos de processos organizacionais

.2 Ferramentas e técnicas
.1 Opinião especializada
.2 Habilidades interpessoais e de equipe
.3 Sistema de informações de gerenciamento de projetos

.3 Saídas
.1 Solicitações de mudança
.2 Atualizações de documentos do projeto

11.7 Monitorar os Riscos

.1 Entradas
.1 Plano de gerenciamento do projeto
.2 Documentos do projeto
.3 Dados de desempenho do trabalho
.4 Relatórios de desempenho do trabalho

.2 Ferramentas e técnicas
.1 Análise de dados
.2 Auditorias
.3 Reuniões

.3 Saídas
.1 Informações sobre o desempenho do trabalho
.2 Solicitações de mudança
.3 Atualizações do plano de gerenciamento do projeto
.4 Atualizações de documentos do projeto
.5 Atualizações de ativos de processos organizacionais

Fonte: PMBOK, 2017.

✓ Planejar o Gerenciamento dos Riscos: processo de definição de como conduzir as atividades de gerenciamento dos riscos de um projeto. O principal benefício deste processo é que ele garante que o grau, tipo, e visibilidade do gerenciamento dos riscos sejam proporcionais tanto aos riscos quanto à importância do projeto para a organização.

O plano de gerenciamento dos riscos é vital na comunicação, obtenção de acordo e apoio das partes interessadas para garantir que o processo de gerenciamento dos riscos seja apoiado e executado de maneira efetiva.

✓ Identificar os Riscos: o processo de identificação dos riscos individuais do projeto, bem como fontes de risco geral do projeto, e de documentar suas características. O principal benefício desse processo é a documentação dos riscos existentes e o conhecimento e a capacidade que ele fornece à equipe do projeto de antecipar os eventos.

✓ Realizar a Análise Qualitativa dos Riscos: processo de priorização de riscos individuais do projeto para análise ou ação posterior, através da avaliação de sua probabilidade de ocorrência e impacto, assim como outras características. O principal benefício deste processo é habilitar os gerentes de projetos a reduzir o nível de incerteza e focar os riscos de alta prioridade.

A avaliação da importância de cada risco e a prioridade de atenção é normalmente conduzida usando uma **tabela de referência ou uma matriz de probabilidade e impacto**. Essa matriz especifica as combinações de probabilidade e impacto que resultam em uma classificação dos riscos como de prioridade baixa, moderada ou alta. Podem ser usados termos descritivos ou valores numéricos, dependendo da preferência organizacional (PMBOK, 2017).

✓ Realizar a análise quantitativa dos riscos: processo de analisar numericamente o efeito combinado dos riscos individuais identificados no projeto e outras fontes de incerteza nos objetivos gerais do projeto. O principal benefício desse processo é a produção de informações quantitativas dos riscos para respaldar a tomada de decisões, a fim de reduzir o grau de incerteza dos projetos.

Nesse processo é possível usar algumas técnicas de análise de dados como simulação, análise de sensibilidade e análise de árvore de decisão. A **simulação** irá simular os efeitos combinados dos riscos individuais e outras fontes de incerteza para avaliar o possível impacto de alcançar os objetivos, utilizando geralmente a análise de Monte Carlo. A **análise de sensibilidade** ajuda a determinar quais riscos individuais do projeto têm o maior potencial de impacto sobre os resultados, ou seja, é uma correlação das variações nos resultados do projeto com variações em elementos do modelo de análise quantitativa de riscos. Por fim, **árvores de decisão** são usadas para apoiar a seleção do melhor entre vários cursos de ação alternativos. Caminhos alternativos pelo projeto aparecem na árvore de decisão que utiliza ramos representando os vários eventos ou decisões, e cada qual pode ter custos associados e riscos individuais de projeto relativos (incluindo ameaças ou oportunidades). Os pontos finais dos ramos da árvore de decisão representam o resultado de adotar esse determinado caminho, que pode ser negativo ou positivo (PMBOK, 2017).

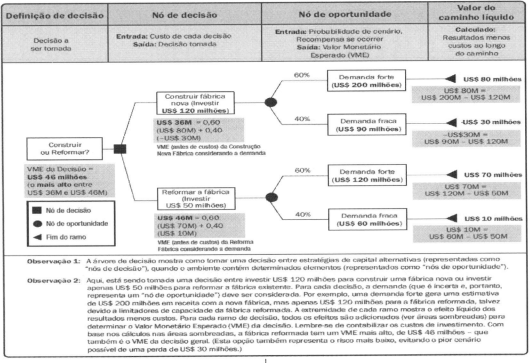

Fonte: PMBOK, 2017.

✔ Planejar as Respostas aos Riscos: processo de desenvolver alternativas, selecionar estratégias e acordar ações para lidar com a exposição geral de riscos, e também tratar os riscos individuais do projeto. O principal benefício desse processo é a abordagem dos riscos por prioridades, injetando recursos e atividades no orçamento, no cronograma e no plano de gerenciamento do projeto, conforme necessário.

✔ Implementar Respostas a Riscos: processo de implementar planos acordados de resposta aos riscos. O principal benefício desse processo é a garantia de que as respostas acordadas aos riscos sejam executadas conforme planejado a fim de abordar a exposição ao risco geral do projeto, minimizar ameaças individuais e maximizar as oportunidades individuais do projeto.

Estratégias para Ameaças	Estratégias para Oportunidades	Estratégias para o Risco Geral
•Escalar	•Escalar	•Prevenir
•Prevenir	•Explorar	•Explorar
•Transferir	•Compartilhar	•Transferir/Compartilhar
•Mitigar	•Melhorar	•Mitigar/Melhorar
•Aceitar	•Aceitar	•Aceitar

Fonte: elaborada pela autora.

✔ Monitorar os Riscos: processo de monitorar a implementação de planos acordados de resposta aos riscos, acompanhar riscos identificados, identificar e analisar novos riscos, e avaliar a eficácia do processo de risco ao longo do projeto. O principal benefício desse processo é que habilita decisões do projeto com base em informações atuais sobre a exposição geral de risco e riscos individuais do projeto (PMBOK, 2017).

Retomando a aula

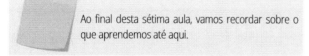
Ao final desta sétima aula, vamos recordar sobre o que aprendemos até aqui.

1 - Gerenciamento das Comunicações

Nesta seção, estudamos que o gerenciamento das Comunicações do Projeto inclui os processos necessários para garantir que as necessidades de informações do projeto e de suas partes interessadas sejam satisfeitas, com o desenvolvimento de artefatos e a implementação de atividades projetadas para realizar a troca eficaz de informações.

2 - Gerenciamento dos Riscos

Nesta seção, vimos que o gerenciamento dos riscos do projeto inclui os processos de condução do planejamento, da identificação, da análise, do planejamento das respostas, da implementação das respostas e do monitoramento dos riscos em um projeto. O gerenciamento dos riscos do projeto tem por objetivo aumentar a probabilidade e/ou o impacto dos riscos positivos e diminuir a probabilidade e/ou o impacto dos riscos negativos, a fim de otimizar as chances de sucesso do projeto.

 **Vale a** pena

Vale a pena **ler**

KERZNER, Harold. *Gestão de projetos*: as melhores práticas. 3. ed. Porto Alegre: Bookman, 2017.

MENEZES, Luís César de Moura. *Gestão de projetos*. 4. ed. São Paulo: Atlas, 2018.

PMI. Um guia de conhecimento em gerenciamento de projetos. *Guia PMBOK* 6º. ed. - EUA: Project Management Institute, 2017.

CARVALHO, Marly Monteiro de; RABECHINI JR., Roque. *Fundamentos em gestão de projetos*: construindo competências para gerenciar projetos. 4. ed. São Paulo: Atlas, 2017.

CLEMENTS, James P.; GIDO, Jack. *Gestão de projetos*. São Paulo: Cengage Learning, 2017.

KEELING, Ralph; MOREIRA, Cid Knipel. *Gestão de projetos*: uma abordagem global. São Paulo: Saraiva, 2002.

OLIVEIRA, Guilherme Bueno de. *MS project & gestão de projetos*. São Paulo: Pearson Makron Books, 2005.

VALERIANO, Dalton L. *Gerência em projetos*: pesquisa, desenvolvimento e engenharia. São Paulo: Makron Books do Brasil, 2014.

Vale a pena **assistir**

Gerenciamento das Comunicações do Projeto. Disponível em: https://www.youtube.com/watch?v=C9XSfBOCWfM. Acesso em: 05/02/2021.

Como fazer um bom plano de gerenciamento da comunicação em Projetos. Disponível em: https://www.youtube.com/watch?v=Crym9etku4g. Acesso em: 05/02/2021.

O que é o gerenciamento das comunicações? Disponível em: https://www.youtube.com/watch?v=ee4BQ_RNlWM. Acesso em: 05/02/2021.

Gerenciamento das Comunicações: Processos: Planejar o gerenciamento das comunicações. Disponível em: https://www.youtube.com/watch?v=enhAJCVu7D4. Acesso em: 05/02/2021.

Minhas anotações

Aula 8º

Gerenciamento das Aquisições e das Partes Interessadas do Projeto

Prezados (as) estudantes:

Nesta aula, vamos entender o conceito e os processos do gerenciamento das aquisições e das partes interessadas do Projeto. Todo esse material é baseado no Guia PMBOK, um guia de conhecimento de gerenciamento de projetos que apresenta as melhores práticas aplicadas na maior parte do tempo, na maioria dos projetos, independentemente da natureza deste. O Guia PMBOK é uma publicação do Project Manangement Institute (PMI) e é atualizado de 4 em 4 anos.

Ao final do guia, apresentaremos uma versão completa dos fluxos de processos do Guia PMBOK, elaborado pelo professor Ricardo Vargas disponível em: Fluxo de Processos do PMBOK® – Ricardo Viana Vargas, (ricardo-vargas.com).

Vamos, primeiramente, ver quais são os objetivos e as seções de estudo que serão desenvolvidas nesta aula. Bom trabalho!

— Bons estudos!

Objetivos de aprendizagem

Ao término desta aula, vocês serão capazes de:

- definir o que é gerenciamento das aquisições do projeto;
- entender os processos no gerenciamento das partes interessadas do projeto.

Seções de estudo

1- Gerenciamento das Aquisições
2- Gerenciamento das Partes Interessadas do Projeto

1- Gerenciamento das Aquisições

O gerenciamento das aquisições do projeto inclui os processos necessários para comprar ou adquirir produtos, serviços ou resultados externos à equipe do projeto. O Gerenciamento das Aquisições do Projeto inclui os processos de gerenciamento e controle necessários para desenvolver e administrar acordos como contratos, pedidos de compra, memorandos de entendimento (MOAs) ou acordos de nível de serviço (ANSs) internos (PMBOK, 2017). O pessoal autorizado a adquirir os bens e/ou serviços necessários para o projeto podem ser membros da equipe de projeto, gerência ou parte do departamento de compras da organização, se aplicável.

Os processos de Gerenciamento das Aquisições do Projeto envolvem acordos que descrevem o relacionamento entre duas partes - um comprador e um vendedor. Os acordos podem ser tão simples como a compra de uma quantidade definida de horas de mão de obra a uma taxa de mão de obra específica, ou tão complexos como contratos internacionais de construção com vigência de vários anos. A abordagem de contratação e o contrato em si devem refletir a simplicidade ou a complexidade das entregas, ou o esforço necessário, e devem estar redigidos de forma que cumpram as leis locais, nacionais e internacionais referentes a contratos (PMBOK, 2017).

Os processos de gerenciamento das aquisições do projeto incluem:

Visão Geral do Gerenciamento das Aquisições do Projeto

12.1 Planejar o Gerenciamento das Aquisições

.1 Entradas
  .1 Termo de abertura do projeto
  .2 Documentos do projeto
  .3 Plano de gerenciamento do projeto
  .4 Documentos do projeto
  .5 Fatores ambientais da empresa
  .6 Ativos de processos organizacionais

.2 Ferramentas e técnicas
  .1 Opinião especializada
  .2 Coleta de dados
  .3 Análise de dados
  .4 Análise para seleção de fontes
  .5 Reuniões

.3 Saídas
  .1 Plano de gerenciamento das aquisições
  .2 Estratégia da aquisição
  .3 Documentos de licitação
  .4 Especificação do trabalho das aquisições
  .5 Análise para seleção de fontes
  .6 Decisões de fazer ou comprar
  .7 Estimativas de custos independentes
  .8 Solicitações de mudança
  .9 Atualizações de documentos do projeto
  .10 Atualizações de ativos de processos organizacionais

12.2 Conduzir as Aquisições

.1 Entradas
  .1 Plano de gerenciamento do projeto
  .2 Documentos do projeto
  .3 Documentação de aquisições
  .4 Propostas dos vendedores
  .5 Fatores ambientais da empresa
  .6 Ativos de processos organizacionais

.2 Ferramentas e técnicas
  .1 Opinião especializada
  .2 Publicidade
  .3 Reuniões com licitantes
  .4 Análise de dados
  .5 Habilidades interpessoais e de equipe

.3 Saídas
  .1 Vendedores selecionados
  .2 Acordos
  .3 Solicitações de mudança
  .4 Atualizações do plano de gerenciamento do projeto
  .5 Atualizações de documentos do projeto
  .6 Atualizações de ativos de processos organizacionais

12.3 Controlar as Aquisições

.1 Entradas
  .1 Plano de gerenciamento do projeto
  .2 Documentos do projeto
  .3 Acordos
  .4 Documentação de aquisições
  .5 Solicitações de mudança aprovadas
  .6 Dados de desempenho do trabalho
  .7 Fatores ambientais da empresa
  .8 Ativos de processos organizacionais

.2 Ferramentas e técnicas
  .1 Opinião especializada
  .2 Administração de reivindicações
  .3 Análise de dados
  .4 Inspeção
  .5 Auditorias

.3 Saídas
  .1 Encerrar as aquisições
  .2 Informações sobre o desempenho do trabalho
  .3 Atualizações na documentação de aquisições
  .4 Solicitações de mudança
  .5 Atualizações do plano de gerenciamento do projeto
  .6 Atualizações de documentos do projeto
  .7 Atualizações de ativos de processos organizacionais

Fonte: PMBOK, 2017.

- Planejar o Gerenciamento das Aquisições: processo de documentação das decisões de compras do projeto, especificando a abordagem e identificando vendedores em potencial.

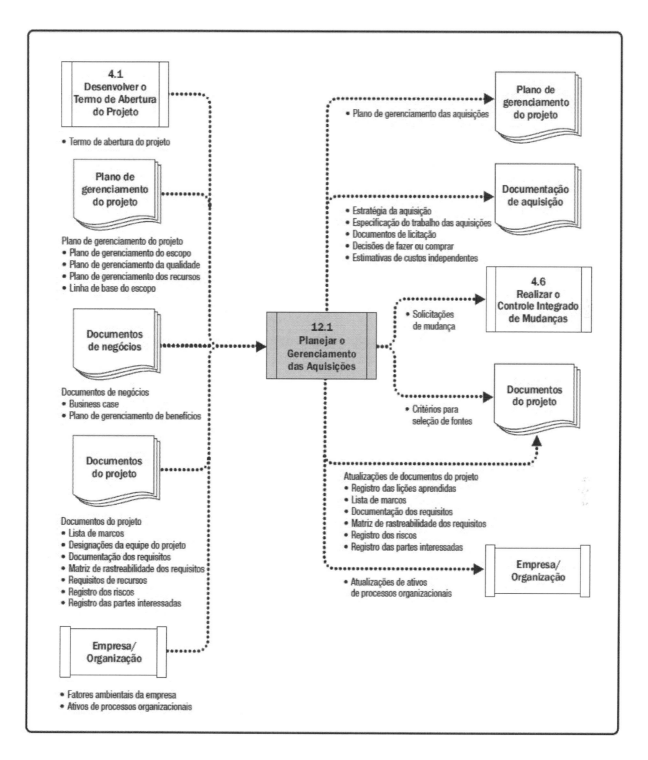

Fonte: PMBOK, 2017.

Nesse processo, podemos destacar uma ferramenta e técnica: a análise de fazer ou comprar. Essa técnica é usada para determinar se um trabalho específico pode ser melhor realizado pela equipe do projeto, ou se deve ser comprado de fontes externas. Às vezes o recurso existe na organização do projeto, mas pode estar alocado para outros projetos; nesse caso, pode ser necessário obter recursos fora da organização a fim de cumprir os compromissos do cronograma.

A organização, o ambiente e as restrições legais determinam os documentos de aquisições obrigatórios e as informações necessárias para o projeto. A figura abaixo apresenta uma comparação da documentação de aquisição (PMBOK, 2017).

Plano de gerenciamento das aquisições	Estratégia da aquisição	Especificação do trabalho	Documentos de licitação
Como as aquisições serão coordenadas e integradas com outros trabalhos do projeto, especialmente com recursos, cronograma e orçamento	Métodos de entrega de aquisições	Descrição do item de aquisição	Solicitação de informações (SDI), Solicitação de cotação (SDC), Solicitação de proposta (SDP)
Cronograma das principais atividades de aquisições	Tipos de acordos	Especificações, requisitos da qualidade e métricas de desempenho	
Métricas de aquisições para gerenciar o contrato	Fases da aquisição	Descrição de serviços colaterais necessários	
Responsabilidades de todas as partes interessadas		Métodos e critérios de aceitação	
Restrições e premissas das aquisições		Dados de desempenho e outros relatórios necessários	
Jurisdição legal e moeda de pagamento		Qualidade	
Informações sobre estimativas independentes		Período de lugar de desempenho	
Questões de gerenciamento dos riscos		Moeda; cronograma de pagamentos	
Vendedores pré-qualificados, se aplicável		Garantia	

Fonte: PMBOK, 2017.

- Conduzir as Aquisições: processo de obtenção de respostas de vendedores, seleção de um vendedor e adjudicação de um contrato. O principal benefício desse processo é que seleciona um vendedor qualificado e implementa um acordo legal para entrega. Os resultados finais do processo são os acordos estabelecidos, incluindo contratos formais.

- Controlar as Aquisições: processo de gerenciar relacionamentos de aquisições, monitorar o desempenho do contrato, fazer alterações e correções conforme apropriado e encerrar contratos. O principal benefício desse processo é que garante que o desempenho, tanto do vendedor quanto do comprador, cumpre os requisitos do projeto de acordo com os termos do acordo legal. Esse processo é realizado ao longo do projeto, conforme necessário.

2- Gerenciamento das Partes Interessadas do Projeto

O gerenciamento das partes interessadas do projeto inclui os processos exigidos para identificar todas as pessoas, grupos ou organizações que podem impactar ou serem impactados pelo projeto, analisar as expectativas das partes interessadas, seu impacto no projeto e desenvolver estratégias de gerenciamento apropriadas para o engajamento eficaz das partes interessadas nas decisões e na execução do projeto. Os processos apoiam o trabalho da equipe do projeto para analisar as expectativas das partes interessadas, avaliar o grau em que afetam ou são afetadas pelo projeto, e desenvolver estratégias para envolver com eficácia as partes interessadas em apoio a decisões, ao planejamento e à execução do trabalho do projeto.

Todos os projetos têm partes interessadas que são afetadas ou podem afetar o projeto de forma positiva ou negativa. Algumas partes interessadas podem ter uma capacidade limitada para influenciar o trabalho ou os resultados do projeto; outras podem ter uma influência significativa no projeto e nos seus resultados esperados. Pesquisas acadêmicas e análises de desastres em projetos com alta visibilidade destacam a importância de uma abordagem estruturada para identificação, priorização e engajamento de todas as partes interessadas. A habilidade do gerente de projetos e da equipe para identificar corretamente e engajar todas as partes interessadas de maneira apropriada pode fazer a diferença entre o êxito e o fracasso do projeto. Para aumentar a probabilidade de êxito, o processo de identificação e engajamento das partes interessadas deve começar assim que possível depois que o termo de abertura do projeto tiver sido aprovado, bem como o gerente do projeto tiver sido designado e a equipe começar a ser formada.

Os processos de gerenciamento das partes interessadas do projeto são:

Visão Geral do Gerenciamento das Partes Interessadas do Projeto

13.1 Identificar as Partes Interessadas

.1 Entradas
  .1 Termo de abertura do projeto
  .2 Documentos de negócios
  .3 Plano de gerenciamento do projeto
  .4 Documentos do projeto
  .5 Acordos
  .6 Fatores ambientais da empresa
  .7 Ativos de processos organizacionais

.2 Ferramentas e técnicas
  .1 Opinião especializada
  .2 Coleta de dados
  .3 Análise de dados
  .4 Representação de dados
  .5 Reuniões

.3 Saídas
  .1 Registro das partes interessadas
  .2 Solicitações de mudança
  .3 Atualizações do plano de gerenciamento do projeto
  .4 Atualizações de documentos do projeto

13.2 Planejar o Enganjamento das Partes Interessadas

.1 Entradas
  .1 Termo de abertura do projeto
  .2 Plano de gerenciamento do projeto
  .3 Documentos do projeto
  .4 Acordos
  .5 Fatores ambientais da empresa
  .6 Ativos de processos organizacionais

.2 Ferramentas e técnicas
  .1 Opinião especializada
  .2 Coleta de dados
  .3 Análise de dados
  .4 Tomada de decisões
  .5 Representação de dados
  .6 Reuniões

.3 Saídas
  .1 Plano de engajamento das partes interessadas

13.3 Gerenciar o Engajamento das Partes Interessadas

.1 Entradas
  .1 Plano de gerenciamento do projeto
  .2 Documentos do projeto
  .3 Fatores ambientais da empresa
  .4 Ativos de processos organizacionais

.2 Ferramentas e técnicas
  .1 Opinião especializada
  .2 Habilidades de comunicação
  .3 Habilidades interpessoais e de equipe
  .4 Regras básicas
  .5 Reuniões

.3 Saídas
  .1 Solicitações de mudança
  .2 Atualizações do plano de gerenciamento do projeto
  .3 Atualizações de documentos do projeto

13.4 Monitorar o Engajamento das Partes Interessadas

.1 Entradas
  .1 Plano de gerenciamento do projeto
  .2 Documentos do projeto
  .3 Dados de desempenho do trabalho
  .4 Fatores ambientais da empresa
  .5 Ativos de processos organizacionais

.2 Ferramentas e técnicas
  .1 Análise de dados
  .2 Tomada de decisões
  .3 Representação de dados
  .4 Habilidades de comunicação
  .5 Habilidades interpessoais e de equipe
  .6 Reuniões

.3 Saídas
  .1 Informações sobre o desempenho do trabalho
  .2 Solicitações de mudança
  .3 Atualizações do plano de gerenciamento do projeto
  .4 Atualizações de documentos do projeto

Fonte: PMBOK, 2017.

- Identificar as Partes Interessadas: processo de identificar regularmente as partes interessadas do projeto e analisar e documentar informações relevantes sobre seus interesses, envolvimento, interdependências, influência e impacto potencial no sucesso do projeto (PMBOK, 2017). O principal benefício desse processo é que permite que a equipe do projeto identifique o direcionamento apropriado para engajamento de cada parte interessada ou grupo de partes interessadas.
- Planejar o Engajamento das Partes Interessadas: processo de desenvolvimento de abordagens para envolver as partes interessadas do projeto, com base em suas necessidades, expectativas, interesses e potencial impacto. O principal benefício é que fornece um plano acionável para interagir com eficácia com as partes interessadas.
- Gerenciar o Engajamento das Partes Interessadas: processo de se comunicar e trabalhar com as partes interessadas para atender suas necessidades e expectativas, lidar com questões e promover o engajamento das partes interessadas adequadas. O principal benefício desse processo é permitir que o gerente de projetos aumente o nível de apoio das partes interessadas e minimize a sua resistência (PMBOK, 2017).
- Monitorar o Engajamento das Partes Interessadas: processo de monitorar as relações das partes interessadas do projeto e adaptação de estratégias para engajar as partes interessadas através da modificação de planos e estratégias de engajamento. O principal benefício desse processo é que mantém ou incrementa a eficiência e eficácia das atividades de engajamento das partes interessadas à medida que φ projeto se desenvolve e o seu ambiente muda.

Retomando a aula

Ao final desta última aula, vamos recordar sobre o que aprendemos até aqui.

1 - Gerenciamento das Aquisições

Nesta seção, vimos que o gerenciamento das aquisições do projeto inclui os processos necessários para comprar ou adquirir produtos, serviços ou resultados externos à equipe do projeto. O Gerenciamento das Aquisições do Projeto inclui os processos de gerenciamento e controle necessários para desenvolver e administrar acordos como contratos, pedidos de compra, memorandos de entendimento (MOAs) ou acordos de nível de serviço (ANSs) internos.

2 - Gerenciamento das Partes Interessadas do Projeto

Nesta seção, estudamos que o gerenciamento das partes interessadas do projeto inclui os processos exigidos para identificar todas as pessoas, grupos ou organizações, que podem impactar ou serem impactados pelo projeto, analisar as expectativas das partes interessadas, seu impacto no projeto e desenvolver estratégias de gerenciamento apropriadas para o engajamento eficaz das partes interessadas nas decisões e na execução do projeto.

Vale a pena

Vale a pena **ler**

KERZNER, Harold. *Gestão de projetos*: as melhores práticas. 3. ed. Porto Alegre: Bookman, 2017.

MENEZES, Luís César de Moura. *Gestão de projetos*. 4. ed. São Paulo: Atlas, 2018.

PMI. *Um guia de conhecimento em gerenciamento de projetos*. Guia PMBOK 6º. ed. - EUA: Project Management Institute, 2017.

CARVALHO, Marly Monteiro de; RABECHINI JR., Roque. *Fundamentos em gestão de projetos*: construindo competências para gerenciar projetos. 4. ed. São Paulo: Atlas, 2017.

CLEMENTS, James P.; GIDO, Jack. *Gestão de projetos*. São Paulo: Cengage Learning, 2017.

KEELLING, Ralph; MOREIRA, Cid Knipel. *Gestão de projetos*: uma abordagem global. São Paulo: Saraiva, 2002.

OLIVEIRA, Guilherme Bueno de. *MS project & gestão de projetos*. São Paulo: Pearson Makron Books, 2005.

VALERIANO, Dalton L. *Gerência em projetos*: pesquisa, desenvolvimento e engenharia. São Paulo: Makron Books do Brasil, 2014.

Vale a pena **assistir**

O que é Gerenciamento das Aquisições. Disponível em: https://www.youtube.com/watch?v=CxoM2ooFwZI. Acesso em: 05/02/2021.

Gerenciamento das Aquisições e Tipos de Contratos em Projetos. Disponível em: https://www.youtube.com/watch?v=mqwBZUAR9Vw. Acesso em: 05/02/2021.

Entenda a área de Aquisições do PMBOK em tempo recorde. Disponível em: https://www.youtube.com/watch?v=GCyXsTRzLn8. Acesso em: 05/02/2021.

O que é Gerenciamento das Partes Interessadas. Disponível em: https://www.youtube.com/watch?v=dCwgM4uVvGs. Acesso em: 05/02/2021.

Entenda a área de Partes Interessadas do PMBOK em tempo recorde. Disponível em: https://www.youtube.com/watch?v=-WAifpucGGQ. Acesso em: 05/02/2021.

Referências

KERZNER, Harold. *Gestão de projetos*: as melhores práticas. 3. ed. Porto Alegre: Bookman, 2017.

MENEZES, Luís César de Moura. *Gestão de projetos*. 4. ed. São Paulo: Atlas, 2018.

PMI. Um guia de conhecimento em gerenciamento de projetos. *Guia PMBOK 6º*. ed. - EUA: Project Management Institute, 2017

CARVALHO, Marly Monteiro de; RABECHINI JR., Roque. *Fundamentos em gestão de projetos*: construindo competências para gerenciar projetos. 4. ed. São Paulo: Atlas, 2017.

CLEMENTS, James P.; GIDO, Jack. *Gestão de projetos*. São Paulo: Cengage Learning, 2017.

KEELLING, Ralph; MOREIRA, Cid Knipel. *Gestão de projetos*: uma abordagem global. São Paulo: Saraiva, 2002.

OLIVEIRA, Guilherme Bueno de. *MS project & gestão de projetos*. São Paulo: Pearson Makron Books, 2005.

VALERIANO, Dalton L. *Gerência em projetos*: pesquisa, desenvolvimento e engenharia. São Paulo: Makron Books do Brasil, 2014.

Printed in Great Britain
by Amazon